JN083211

難読漢字の奥義書

円満字二郎
Jiro Enmanji

草思社

まえがき

いきなりで申し訳ないのですが、次の漢字を読んでみてください。

①ミカンが**撓わ**に実っている。
②大人の女性の**窈窕**とした雰囲気。
③腹が立ったので、家に帰って**不貞寝**する。
④頭痛で**顳顬**のあたりがズキズキする。

①「撓わ」は、「たわわ」。〝枝がしなるほどたくさん〟という意味を表します。
②「窈窕」は、「ようちょう」と読み、〝女性のしとやかなようす〟を表すことば。
③「不貞寝」の読み方は、「ふてね」。〝どうにでもなれ、という気分になって寝る〟こと

ですよね。

④「顳顬」は、ふつうは「こめかみ」と読む漢字。〝目と耳の間、頭が痛むときにもみたくなる部分〟を指しています。

四つとも読めた人は、漢字をかなりご存じです。自信を持っていいでしょう。

読めない漢字があった人も、がっかりする必要はありません。みなさんは今、新しい知識を手に入れたのですから。そして、これから先も未知のものにいっぱい出会えるのだ、と考えてみてください。なんだかワクワクしてきませんか?

日本語には、読み方が難しい、いわゆる〝難読漢字〟がたくさんあります。それらの一つを読めるようになるということは、新しい知識が一つ増えたということ。自分が賢くなった気がしますよね。

しかも、難読漢字の数の多さといったら、事実上、無限だと言ってもいいくらい。〝また一つ賢くなった〟という知的興奮を限りなく味わえるわけですから、難読漢字の勉強にはまる人が現れるのは、当然のことといえましょう。

実際、テレビを見れば、難読漢字を取り扱うクイズ番組が毎日のように放送されていますし、インターネットの世界でも、難読漢字を紹介するコラムを載せたページが、あっちでもこっちでも花盛り。みなさんの中にも、それらを日々、楽しんでいる人が、きっとたくさんいらっしゃることでしょう。

そうやって、多くの人が自分の知的成長を実感できるというのは、すばらしいことです。ただ、漢字をメシの食い種にしている私のような人間からすると、同時に、ちょっともったいないような気もしています。なぜなら、一つ一つの難読漢字の背後には、〝どう読むのか？〟よりもさらにおもしろい、〝どうしてそう読むことになったのか？〟という物語が横たわっているからです。

たとえば、「撓わ」を「たわわ」と読むのは、もともとは中国語を書き表すためだけに作られた漢字を、日本語を書き表すときにも使えるようにした、カスタマイズの結果です（25ページ）。「窈窕」の読み方を通じては、古代中国の人々がどのような方法で漢字を次々に生み出していったのか、その一端をうかがい知ることができるでしょう（44ページ）。「不貞寝」を「ふてね」と読む漢字の使い方は、どんなことばを書き表すときでも〝なんとか漢字を使いたい〟と考える、日本人の情熱のたまもの（126ページ）。「顳顬」を「こめかみ」と読むのに至っては、音読み・訓読みという基本的な読み方を無視して漢字を使ってやろうという、なんとも大胆不敵な試みの結果なのです（135ページ）。

そういった事情を知ると、漢字の世界がさらにおもしろく見えてきます。せっかく難読漢字の勉強をしているのに、そのおもしろさに触れずにいるなんて、もったいないと思いませんか？

そこで、この本では、さまざまな難読漢字を取り上げてみなさんの知的好奇心を満たすだけではなく、その背景に見え隠れする、漢字のしくみやその移り変わり、先人たちが漢字を使いこなすために編み出した知恵などをも説明していきます。といっても、専門的な議論に深入りするつもりはありません。知っておくと漢字の世界がよりおもしろく見えてくるような知識を、わかりやすくご紹介していきます。

〝木を見て森を見ず〟ということばになぞらえていえば、一つ一つの難読漢字の読み方を知ることは、一本一本の〝木を見る〟ことに当たります。それぞれの木を前に、美しい花やみごとな枝ぶりを観察するのは、もちろん楽しいことです。でも、〝森を見る〟ことによってその壮大さに心打たれるのも、また感銘が深いものですよね。

私が申し上げている〝森を見る〟とは、漢字の世界の全体像に触れること。〝木を見るついでに森も見てやろう〟というのが、この本の基本的なコンセプトです。

それでは、漢字の広大な〝森〟の探険に、出かけることといたしましょう。

難読漢字の奥義書 ―― 目次

まえがき 3

第I章 いかにも難しそうな漢字の読み方 15

1 訓読みと音読みって、何が違う？ 16
2 訓読みで読めれば、意味がわかる！ 20
3 訓読みはなんとなく想像がつく？ 24
4 便利な訓読みにも難点がある 27
5 勘違いから訓読みが生まれる？ 31
6 日本で生まれたオリジナルの漢字 35
7 三島由紀夫の華麗なる訓読み 39
8 部分から音読みを予想する 42
9 部分が同じならば音読みも同じ？ 46

10 音読みの予想は微妙にずれがち？ 49
11 ずれた予想が定着した音読み 53
12 予想がつかない音読みもある！ 57
13 芥川龍之介の絢《けん》爛《らん》たる音読み 61

第Ⅱ章 やさしい漢字の難しい読み方——65

1 音読みは一種類とは限らない 66
2 意味によって変わる音読み 70
3 二種類の音読みで読める熟語 74
4 時には第三の音読みも存在する！ 78
5 現代中国語から生まれた読み方 82
6 音読みはさまざまに変化する 85

7 やさしい漢字の難しい訓読み 89
8 訓読みには古い日本語が潜んでいる 93
9 訓読みもさまざまに変化する 97
10 音読みと訓読みを混ぜて読む 101
11 森鷗外の多彩なる訓読み 105

第Ⅲ章 当て字について考える 109

1 音訓を使って外来語を書き表す 110
2 外来語の意味を漢字に翻訳する 114
3 夏目漱石に見る外来語の書き表し方 118
4 インドからやってきた当て字 121
5 ありふれた日本語にも当て字はある！ 125

6 発音の変化が当て字を生み出す 129
7 複数の漢字をまとめて訓読みする 133
8 日本語の意味を複数の漢字で表現する 137
9 音読み熟語をまるごと訓読みする 141
10 二字熟語に送りがなを付けて読む 144
11 島崎藤村は漢字熟語をどう読ませたか？ 148
12 読み方と漢字の微妙な関係 151

第Ⅳ章 動植物を表す漢字のいろいろ―― 155

1 動植物を漢字一文字で書き表す 156
2 日本語オリジナルの動植物漢字 159
3 動植物漢字を日本語独自の意味で使う 162

4 動植物を表す音読み熟語 166
5 動植物を表す訓読み熟語 169
6 動物熟語を日本語に翻訳する 172
7 植物熟語を日本語に翻訳する 176
8 動植物の日本語名を漢字熟語で表す 180
9 日中異義の動植物熟語 184
10 『万葉集』の動植物漢字を読んでみよう 187
11 外来語の動植物を表す漢字 191

第V章 難読地名の世界を散策する―― 195

1 難しい漢字を使った地名 196
2 やさしい読み方の意外な組み合わせ 199

3　地名に残る特殊な訓読み　202
4　訓読みの変化は地名をも難しくする　206
5　複数の漢字をまとめて読む地名　209
6　一筋縄では読めない地名もある！　213
7　地名に残る古い音読み　217
8　この地名の音読みはひと味違う？　221
9　平安時代の難読地名を読んでみよう　225
10　外国の地名を表す漢字　229

おわりに　233
文学作品からの用例の出典一覧　241
索引　巻末

第Ⅰ章

いかにも難しそうな漢字の読み方

難読漢字は、大きく二つの種類に分けられます。一つ目は、漢字そのものがあまり使われないので、読み方も知られていないもの。二つ目は、漢字そのものはよく目にするけれど、ふつうとは違った読み方をするものです。

この章では、ぱっと見にいかにも難しそうに感じられる一つ目の方を取り上げながら、漢字の読み方に関する基礎知識をご説明していきましょう。

1 訓読みと音読みって、何が違う?

「大」を「おおきい」と読むのは訓読み、「だい」と読むのは音読み。漢字にこの二種類の読み方があることは、みなさん、ご存じでしょう。では、この二つの読み方はどうして存在するのでしょうか?

その理由を知ることは、日本語を書き表す文字としての漢字について知る上で、最も基本的で重要なことの一つです。

①あの人はいつも上司に**諂って**いる。
②この投資は、将来、莫大な利益を**齎す**だろう。
③朝、鳥たちの**囀り**で目を覚ます。
④バイクが耳を**劈く**ような爆音を残して走り去る。
⑤賛成派と反対派の激しい**鬩ぎ**合いが続く。

①「諂って」の読み方は、「へつらって」。〝おべっかを使う〟という意味です。

②「齎す」は「もたらす」と読み、〝ある結果を引き起こす〟こと。
③「囀り」は、「さえずり」。言うまでもなく、〝鳥が鳴くこと〟ですよね。
④「劈く」の読み方は、「つんざく」。〝勢いよく引き裂く〟ことを表します。
⑤「鬩ぎ」は、「せめぎ」と読みます。「せめぎあう」とは、〝対立状態になる〟ことを言います。

ここまで、めったに見かけない、いかにも難しそうな漢字ばかりが並んでいますね。でも、ひらがなで書いてしまえば、それほど難しくは感じません。「へつらう」も「もたらす」も「さえずり」も「つんざく」も「せめぎ（あい）」も、現在でも使われているふつうの日本語ですから、ことばとしてはそれほど難しいわけではありません。

では、次の五つはどうでしょうか？

⑥演壇の上に仁王立ちになり、聴衆を睥睨する。
⑦幹事から懇親会への出席を慫慂される。
⑧夕もやのかかった縹渺たる風景。
⑨輸送トラックが輻輳する大規模流通センター。
⑩貧困に苦しむ人々を賑恤する。

⑥「睥睨」は、「へいげい」と読みますが、だれもが耳で聞いただけで理解できることばではありませんよね。〝見回して威圧する〟という意味だと理解するためには、辞書を調べなくてはいけません。

⑦「慫慂」も、「しょうよう」という読み方だけを教えてもらっても、〝何かをしないかと誘って勧める〟ことだという意味はわからないことでしょう。

⑧「縹渺」は「ひょうびょう」で、〝ぼんやりと遠くまで広がっているようす〟。

⑨「輻輳」は、「ふくそう」。二文字とも「車（くるまへん）」が付いていて、本来は〝車の行き来が集中する〟という意味。転じて〝多くのものが集まってくる〟ことを指します。

⑩「賑恤」は、歴史用語と言ってもいいような古いことば。「しんじゅつ」と読んで、〝困っている人に金銭や物資を恵む〟ことを表します。

①〜⑤は、読み方さえわかれば意味もわかるのに、⑥〜⑩は、読み方がわかっても意味はちんぷんかんぷん。その違いは、①〜⑤は訓読みなのに対して、⑥〜⑩は音読みだということに起因しています。実は、訓読みは日本語ですが、音読みはもともとは中国語なので、そのままでは日本人には意味が伝わらないことがあるのです。

漢字が中国で発明された文字だということは、ほとんど常識だと言っていいでしょう。中国の人々は自分たちのことば、つまり中国語を書き表すために漢字を作りました。ですから、漢字にはもともとは中国語としての発音しかなかったのです。それが日本列島に伝わってきたときも同様で、当時、日本に住んでいた人たちが漢字を読む際には、中国語を勉強してその発音のまま読むしかありませんでした。

しかし、日本語と中国語では、発音がかなり異なります。英語のRとLの発音の区別は日本人には難しく、きちんと練習しないとどちらも同じラ行になってしまいがちですよね。それと同じようなことが、漢字が伝わってきたころの日本列島でも起こりました。その結果、日本人は、かなりなまった発音で漢字を読むことになりました。そうやって生まれたのが、音読みなのです。

つまり、音読みとは、昔の中国語の発音が日本語風に変化したもの。音読みで読まれることばは、いわば中国語からの外来語です。ふだんからよく使う外来語であればだれにでもわかりますが、⑥～⑩のようにめったに使われないことばの場合は、そうはいきません。多くの日本人にはそのままでは意味が伝わらないのです。

私たちは、中国語を書き表すために生みだされた漢字を、日本語を書き表すために使っています。訓読みと音読みの存在は、そのことを端的に示しているのです。

2

訓読みで読めれば、意味がわかる!

漢字は、一つ一つが意味を持っています。しかし、音読みで読んでいる限りでは、中国語を知らない日本人にはその意味は伝わりません。それだと、日本語を書き表す文字としては役に立ちませんよね?

そこで昔の日本人が考え出したのが、意味を翻訳しながら漢字を使うことでした。ここからしばらくは、そうやって生まれた訓読みについて、詳しく見ていくことにしましょう。

①この土壁は、火には強いが水には**脆い**。
②自分の部屋でゲームに**耽る**のが楽しみだ。
③ミスをしたが、先輩が**庇って**くれた。
④血の**滲む**ような努力を重ねる。
⑤相手の前に**跪いて**許しを乞う。

①「脆い」は、「もろい」と読みます。〝崩れやすい〟ことですよね。
②「耽る」の読み方は、「ふける」。〝夢中になる〟という意味を表します。
③「庇って」は、「かばって」。意味は、〝非難や攻撃から守る〟ことです。
④「滲む」の答えは「にじむ」で、〝うすくしみ出る〟こと。
⑤「跪いて」はちょっと難しいかもしれませんが、「ひざまずいて」と読みます。「ひざまづいて」と書いても、ＯＫ。〝地面や床に膝を付ける〟という意味です。

今、取り上げた①〜⑤は、すべて訓読み。一応、意味を説明しておきましたが、読み方がわかれば意味は自然と理解できるかと思います。

そのあたりの事情を説明の便宜上、かなり単純化して申し上げますと、たとえば「走」という漢字は、音読みでは「そう」と読み、〝比較的速いスピードで移動する〟という意味を表します。それは、「はしる」という日本語に相当します。そこで、「走」という漢字をそのまま「はしる」と読んでしまえば、中国語を知らない日本人にもわかることばになります。これが、訓読みの発想です。

つまり、訓読みとは、その漢字の意味を日本語で表現したものであって、いわば〝翻訳読み〟なのです。ということは、訓読みで読めるようになるとその漢字の意味がわかり、ひいてはその漢字を使った音読みの熟語の意味もわかるようになるわけです。

では、後半はどうでしょうか？

⑥ここは埋め立て地なので、地盤が脆弱だ。
⑦政府の庇護の下、産業が発展する。
⑧話題のベストセラーを耽読する。
⑨穴の奥底から地下水が滲出している。
⑩礼拝堂で拝跪して祈りを捧げる。

⑥「脆弱」の読み方は、「ぜいじゃく」。意味を知らなくても、「脆」を「もろい」と訓読みすることを知っていれば、〝もろくて弱い〟という意味だとすぐにわかります。

⑦「庇護」は、「ひご」と読む熟語。文脈から意味はなんとなくわかるでしょうが、「庇」の訓読みは「かばう」だと知っていれば、〝かばって守る〟という意味だと確信を持って言うことができます。

⑧「耽読」は、「たんどく」。これも、「耽」の訓読みは「ふける」だと知ったばかりですから、〝読みふける〟という意味だろうと想像がつきますよね。

⑨「滲出」の読み方は、「しんしゅつ」。「滲」の訓読み「にじむ」から、意味は〝にじみ

出る〟ことだとわかります。

⑩「拝跪」は、「はいき」と読みます。めったに見かけないことばですが、「跪」は「ひざまずく」と訓読みしますから、〝拝みながらひざまずく〟という意味だと推測するのは、そんなに難しいことではありません。

以上のように音読み熟語の意味を訓読みから導きだす作業は、私が今さら説明するまでもなく、日本語を読み書きする多くの人が無意識のうちに行っていることです。現在、ある種の人々が好んで用いるカタカナことばとは違い、漢字で書き表されることばならば意味がわかると私たちが感じるのは、ここに理由があります。

つまり、音読みだけではだめで、訓読みもないと、日本語を書き表す文字としての漢字は役に立たないのです。

音読みは中国語に由来し、訓読みは意味を表すという違いを意識しておくことは、とても重要です。なぜなら、中国語を書き表すために発明された漢字は、訓読みという工夫を加えることによって、日本語を書き表す際にもとても便利な文字へと変化を遂げたからです。

日本の文化は、中国文化から絶大な影響を受けています。と同時に、外国の文化を自分たちに合うようにアレンジしてきたというその営みによって、日本人が極めてオリジナルな文化を育ててきたことも、また事実なのです。

3

訓読みはなんとなく想像がつく？

先ほどお話ししたように、訓読みはその漢字の意味を日本語で表したものです。そのため、たとえ初めて見る漢字でも、きちんとした文脈の中で訓読みの形で使われていれば、たいてい、読み方の想像がつくものです。

ここでは、そんな難読漢字を集中的に取り上げてみましょう。みなさん、それほど苦労せずに読めてしまうのではないでしょうか。

①ビルの屋上から下を見下ろし、足が**竦む**。

②自分の欠点は棚に上げて、他人を**貶して**ばかりいる。

③病み上がりの少し**窶れた**顔つき。

④ぼろぼろのコートを身に**纏って**、寒さをしのぐ。

⑤煮え**滾る**お湯の中に、食材を放り込む。

⑥必死の形相《ぎょうそう》で、交渉相手に**躙り**寄る。

⑦怖ろしい夢を見て**魘される**。

①「竦む」は「すくむ」。ビルの上で足がどうなるかを考えれば、答えは出るでしょう。
②「貶して」は「けなして」。欠点を指摘することに関連することばで、「○○して」となるものを思い浮かべてみましょう。
③「窶れた」も、漢字はいかにも難しそうですが、同じ要領。病み上がりの顔つきですから、「やつれた」が答えとなります。
④「纏って」は、「まとって」。「身に」に続いて「○○って」となることばだと考えれば、漢字を知らなくても想像はつくでしょう。
⑤「滾る」は、「煮え」に続くわけですから、ふつうに考えて「たぎる」で正解。
⑥「躙り」も、「躙り寄る」でひとまとまり。「にじり」と読みます。
⑦「魘される」は、見た目がかなりいかつい漢字ですよね。夢を見て「○○される」と言えば、それは「うなされる」だと相場は決まっています。
以上からもお気づきでしょうが、訓読みの難読漢字では、送りがなも重要なヒントになります。「まえがき」で取り上げた「撓わ」もその例で、果実が実るようすを表すことばで「わ」で終わるものを探せば、「たわわ」と読めてしまいますよね。

ただ、中には送りがなが付かない訓読みもあります。

⑧猛獣を檻の中に閉じ込める。
⑨緊張の箍が緩んでミスを犯す。
⑩闇組織のアジトに踏み込んだが、蛻の殻だった。

⑧「檻」は「おり」。ごくごく常識的に考えてみれば、答えが思い浮かぶでしょう。
⑨「箍」は「たが」。「たがが緩む」という慣用句でよく使われます。
⑩「蛻」は「もぬけ」。これまた、「もぬけの殻」という慣用句でよく使われるので、読めてしまうのではないでしょうか。

それだけに、「たが」や「もぬけ」そのものの意味を聞かれると、ちょっと困ってしまうかもしれません。「たが」とは、〝桶や樽などにはめて、側面の板を固定する道具〟。「もぬけ」とは、〝昆虫や蛇などが脱皮する〟ことを指します。

ほかにも「簪（かんざし）」だとか「臍（へそ）」だとか「鑢（やすり）」だとか、送りがなの付かない訓読みはたくさんありますが、そういう漢字を知らなくても、文脈がきちんと与えられればなんとなく読めてしまう。それが訓読みのすごいところなのです。

4 便利な訓読みにも難点がある

「食」を「たべる」と読むのも、「歩」を「あるく」と読むのも、どちらも訓読みです。これは、英単語のeatやwalkをそのつづりのままで、「たべる」「あるく」と読むようなもの。訓読みとは、実に斬新で便利な方法なのです。

しかし、どんな便利なものにだって短所はあります。ここでは、訓読みのデメリットを見てみることにしましょう。

①沸騰したお湯が鍋から**溢れる**。
②無理な力が加わり、継ぎ目に**歪み**が生じる。
③**弛んだ**気持ちに活を入れる。
④トラックが**喧しい**音を立てて走り抜ける。
⑤一生懸命、応援したので、声が**嗄れた**。

①「溢れる」を、たいていの方は「あふれる」と読むことでしょう。もちろんそれで正

解なのですが、一方で「こぼれる」と読むこともできます。お湯が〝あふれる〟こととお湯が〝こぼれる〟ことは、基本的には同じ現象。だから、どちらを使って訓読みしても、「溢」という漢字の意味の翻訳としては間違いではありませんよね。

訓読みは〝翻訳読み〟なので、意味さえ間違っていなければどう読んでもかまわないものなのです。実際、「食」には、本来は、「たべる」のほか、「くう」「くらう」といった訓読みもあります。「歩」は、「あるく」以外に「あゆむ」と読むこともできます。どれで読んでも基本的な意味は変わりません。

ただ、ふつうは、「食べる」「食う」「食らう」、「歩く」「歩む」のように、送りがなが異なるのでどの訓読みをしているのか区別できます。ところが、送りがなまで一緒になってしまうと、見た目から区別することはできません。「溢れる」をはじめ、ここに挙げた五つはそういう例なのです。

②「歪み」は、「ゆがみ」でも「ひずみ」でもご名答。両方とも〝異常な形になること〟という意味です。

③「弛んだ」は、「ゆるんだ」と「たるんだ」の両方が正解。どちらも〝緊張が解ける〟ことを表します。

④「喧しい」に至っては、書きことば的な「かまびすしい」と話しことば的な「やかま

しい」のほか、「かしましい」でもＯＫ。どれでも〝うるさい〟という意味は変わりません。

⑤「嗄れた」も、「かれた」「しわがれた」「しゃがれた」の三つの読み方が可能。どれで読もうと、〝声がかすれる〟ことを表します。

このように、訓読みは、どう読んでいいか決められない、という困った状態を引き起こすことがあります。振りがなを付けておけばこの問題は解決できるわけですが、それもけっこうめんどくさいですよね？　これは、訓読みの持つデメリットの一つです。

また、漢字の中には、現在ではほとんど使われないような訓読みに翻訳されてしまったものもあります。そういう訓読みは、いくら文脈が示されてもなかなか読むことができませんし、読めても意味がさっぱりわからないとか、はたまた意味を勘違いしたまま使っているという結果になりがちです。これもまた、訓読みのデメリットの一つでしょう。

⑥食糧不足で**饑い**腹を抱えた子どもたち。
⑦渋柿は、**醂して**初めて食用となる。
⑧若いころ、彼らはいつも酒を**賖って**飲んでいた。
⑨この地方は衛生状態が悪く、**瘧**に苦しむ人が多い。
⑩**膕**がぴんと伸びた、美しい立ち姿。

⑥「餓い」は、「ひだるい」と読みます。意味は〝お腹が空く〟こと。地域によっては現在でも方言として残っているようですが、あまり耳にしないですよね。

⑦「酣して」は、「さわして」。「さわす」とは、〝液体につけて渋みを抜く〟ことです。

⑧「賒って」は、「おぎのって」または「おきのって」。〝支払いをつけにして買いものをする〟ことを表すことばですが、耳にしたことがある人はまれでしょう。

⑨「瘧」は、「おこり」。ある種の感染症の名前ですが、現在では「マラリア」と呼ばれるのが一般的で、「おこり」はほとんど使われません。

⑩「膕」の答えは、「ひかがみ」。〝膝の裏側の部分〟を言います。この部分、「よぼろ」という呼び名もあるので、そちらも正解。読みが一つには定まらない例でもあります。「ひかがみ」であれ「よぼろ」であれ、今では整体師さんなど限られた業界の方を除いては、めったに用いないことばとなっています。

これらのことばも、昔はそれなりに使われていたのでしょうが、時代とともに一般性を失っていったのです。ことばとは、時が流れるにつれて移り変わっていくものです。難読漢字を掘り下げていくと、その移ろいを感じることもできるのです。

5 勘違いから訓読みが生まれる？

訓読みとは一種の翻訳であるわけですが、悲しいことに人間とは勘違いをしやすい動物で、時には誤訳をしてしまうこともあります。そして、それがそのまま定着してしまうことだってあるのです。

そのように、中国語の意味には関係なく日本語だけで独自に使われるようになった訓読みのことを、〝国訓《こっくん》〟と言います。具体的に見てみましょう。

①亡き人を**偲んで**、黙禱《もくとう》を捧げる。
②犯人の足取りを**辿り**、潜伏先を見つける。
③脇の下を**擽られて**、思わず笑ってしまった。
④門の前では多くの人が**犇めいて**、開場を待っている。

①「偲んで」は、「しのんで」。「偲」は、中国語では〝励まし合うようす〟を表す漢字。しかし、部首「亻（にんべん）」が〝人〟を表すところから、日本人は〝人を思う〟と解釈

して「しのぶ」と訓読みするようになりました。

②「辿り」は、「たどり」。本来、「辿」は〝ゆっくり歩く〟という意味。ところが、字形の「山」にひきずられて、日本人は〝山の中で道から外れないように歩く〟と解釈して、「たどる」と訓読みしているわけです。

③「擽られて」は、「くすぐられて」と読みます。部首「扌（てへん）」と「樂（「楽」の旧字体）」の組み合わせですから、「くすぐる」はぴったりの訓読みだと思われます。ところが、中国語での「擽」の意味は〝たたく〟だというから、驚きです。

④「犇めいて」は、「ひしめいて」。「牛」が三つで「ひしめく」とは、これまたまさにぴったりですが、中国語での「犇」は〝牛が驚く〟とか〝牛が走る〟という意味を表します。

以上は、漢字の形から日本人が独自の解釈を導き出してしまったもの。国訓の代表的な例で、その勘違いについては、弁明の余地はほとんどありません。

ただ、国訓の中には、当たらずといえども遠からずといった感じで、情状酌量の余地がある誤訳もたくさんあります。

⑤バーベキューをするために火を**熾こす**。

⑥**茹でた**お芋を鍋から上げる。

⑦馬に乗った二人の侍が、轡を並べて走って行く。
⑧昇進したのを機に、新しいスーツを誂える。
⑨寒い戸外にいると、手が悴む。
⑩おどしたり賺したりして、言うことを聞かせる。

⑤「熾こす」は、「おこす」と読みます（「熾す」と書くこともあります）。「熾」の本来の意味は、「熾烈《しれつ》な争い」のように、〝火の勢いが強い〟こと。それを微妙に拡張解釈して〝火を燃え立たせる〟という意味で使っています。

⑥「茹でた」は、「ゆでた」。中国語での「茹」は、主に野菜類を〝食べる〟ことを表します。また、〝柔らかい〟という意味もあります。日本語で「ゆでる」と訓読みするのは、そのあたりから生まれた誤訳でしょう。

⑦「轡」は、日本語では「くつわ」と訓読みしますが、中国語での意味は〝たづな〟。「くつわ」は馬の口に付ける器具で、それに結びつけた〝たづな〟を引いて馬を操るのですから、いかにも惜しい誤訳ですよね！

残りの三つはもっと微妙。最初は正しく訳したのに、その日本語の意味が時代とともに変化してしまったために、現在では誤訳扱いされるようになってしまったものです。

⑧「誂える」の読み方は、「あつらえる」。「あつらえる」とは、〝頼んで作ってもらう〟こと。でも、中国語としての「誂」は、〝誘って何かをさせる〟という意味。実は、日本語の「あつらえる」も昔はその意味だったのですが、〝頼んで何かをしてもらう〟ところから〝頼んで作ってもらう〟ことへと変化したのです。

⑨「悴む」は、「かじかむ」。「悴」は、「憔悴《しょうすい》」という熟語があるように、〝やせ衰える〟という意味を表す漢字。日本語「かじかむ」はそもそもはその意味を表すことばでしたが、現在では変化して、主に〝凍えて手足がうまく動かなくなる〟という意味で使われます。

⑩「賺し」は、「すかし」と読みます。「賺」の中国語での意味は、〝高値で売りつける〟こと。日本人はこれを拡張解釈して〝だます〟という意味だと理解しました。「すかす」はもともとはそれを表す日本語。それが、〝真実ではないことさえ言う〟ところから、〝機嫌を取る〟ことを意味するようになったのが、ここでの「賺す」だというわけです。

漢字の本来の意味を尊重する立場からすれば、そこから外れた国訓を使うなんて、ケシカラン話です。しかし、こういう芸当は、漢字を自由に使えるようになって初めて生まれてくるものではないでしょうか。国訓は日本人が漢字を自分たちの文字として使いこなすようになったことの現れでもある、と考えることができるでしょう。

6 日本で生まれたオリジナルの漢字

あることばを書き表したいのにそれにふさわしい漢字がない場合は、どうすればいいでしょうか。先人たちは、そんな時に、中国語には存在していない自分たちオリジナルの漢字を作り出すことがありました。

それらは、〝国字《こくじ》〟と呼ばれています。ここでは、その例を見てみることにしましょう。

①ちょうど**凪**の頃合いで、風はそよとも吹かない。
②駅伝選手が次の走者に**襷**を渡す。
③**籾**から殻を外し、実を取り出す。
④その公園にはかつての森の**俤**が残っている。
⑤飼い猫に、きちんとトイレの**躾**をする。
⑥あの夫婦はよく喧嘩するが、子は**鎹**で、けっして別れない。
⑦汚れた鍋を、**簓**でこすってきれいにする。

①「凪」の答えは、「なぎ」。〝朝晩の風が吹かない時間帯〟を指す「なぎ」を、「風」と「止」を組み合わせて表したものです。「風」の省略形として「八」を用いるのは国字の一つのパターンで、ほかにも「凩（こがらし）」や「凧（たこ）」といった例があります。

②「襷」は、「たすき」。「ネ（ころもへん）」は〝衣服〟を表す部首。「擧」は「挙」の旧字体で、「あげる」という訓読みがあります。「たすき」はもともと、〝衣服の袖をたくしあげるために使うもの〟ですから、「襷」という漢字で表現したものでしょう。

③「籾」は、「もみ」と読みます。「もみ」とは、お米を収穫したときに、〝米粒を覆っている殻〟のこと。うっかりすると指の皮膚に刺さるくらいとがっているところから、「米」と「刄」を組み合わせたのでしょう。「刄」は「刃」と読み方も意味も同じ漢字です。

④「俤」は、「おもかげ」。「おもかげ」とは、〝姿かたちが似通っていて、別のあるものを思い出させるようなもの〟。それを、〝弟を見て兄の姿かたちを思い出すようなものだ〟とたとえて、「イ（にんべん）」に「弟」を組み合わせて表したものだ、と考えられています。

⑤「躾」の読み方は、「しつけ」。「身」を「美」しく保つというところから生まれた国字でしょう。⑨にも出てきますが、部首「身へん」にも国字が多く、ほかに「躮（せがれ）」や「軆（うつけ）」が知られています。

⑥「鎹」は、「かすがい」と読みます。「かすがい」とは、〝木材と木材をつなげるときに使う金具〟。「鎹」は、その働きをある木材から別の木材へ金具を「送」ると考えて作られたものと思われます。

⑦「簓」は、かなり難しいですね。答えは「ささら」。〝竹筒の片方の端を細かく割いた道具〟で、現在は何かの表面などを掃除するのに使いますが、もともとは、これで木の板をこすって音を出す打楽器の一種でした。刃物を使って端を細かく割くことを、刃物で細かい模様を「彫」るととらえて作られた国字でしょうか。

ここまでのように、国字の大半は、送りがななしで一つの単語として使われます。とはいえ、送りがな付きで用いられる少数派も存在しています。

⑧悔しさのあまり、髪の毛をかき毟る。
⑨雨が止んだから、軈て太陽が顔を出すだろう。
⑩その方の訴え、殿様のお耳に聢と入れておこう。

⑧「毟る」は、「むしる」。〝生えているものを引き抜いて、地肌を露出させる〟ことを表します。引き抜くのが「毛」だと、その本数が「少」なくなりますから、「毟」と書き表す

ことにしたわけです。

⑨「軈て」は、「やがて」。「応」の旧字体「應」を「身」に組み合わせた理由ははっきりしませんが、何かものごとが生じて、しばらくするとそれに「身」が「応」じるところから か、とも言われています。

⑩「聢と」は、「しかと」と読んで、〝しっかりと〟という意味を表します。「耳」に「定」を組み合わせてあるのは、「耳」できちんと聞いた上で行動を「定」める、というところからでしょう。

ところで、国字は訓読みして使われるだけで、音読みは存在しないのが原則です。なぜなら、日本語のオリジナルだから中国語としての発音は存在せず、したがって、中国語の発音が変化した音読みも存在しえないからです。

とはいえ、例外的に音読みのような読み方をする国字もあります。たとえば、「しゃくに障《さわ》る」と言うときの「しゃく」は、元からの日本語。その発音を「積」の音読みの一つ「しゃく」を借りて表し、それに部首「疒（やまいだれ）」を付け加えて「癪（しゃく）」という国字が作られました。こういう読み方を、音読みに分類することがあります。

7

三島由紀夫の華麗なる訓読み

ここまで、いかにも難しそうな漢字の訓読みについて、お話をしてきました。私たちはふだん、こういう漢字をあまり目にしないかもしれません。でも、ちょっと時代をさかのぼった昭和の作家の文章では、よく使われています。

ここでは、現在でも愛読者の多い三島由紀夫の『潮騒《しおさい》』（一九五四年）の最初の部分から、その実例を見てみることにしましょう。

①午後になると燈台のあたりは、没する日が東山に遮られて、**翳った**。

②少女が、（中略）木の枠を砂に立て、それに身を**凭せ**かけて休んでいた。

③母親は、（中略）生計が立ちゆかないと奥さんに**愬えた**。

④獅子《しし》の**鬣**のような白髪をふるい立たせている名代《なだい》のがみがみ屋

⑤**竈**のそばに暗いランプを吊した小さな部屋

①「翳った」の読み方は、「かげった」です。

②「凭せ」は、「もたせ」と読みます。

③「愬えた」は、「うったえた」。「訴える」と書いても意味はほぼ同じです。

ここまでの三つは、文脈と送りがなから容易に推測がつくでしょう。次の二つは、送りがながつかない例です。

④「鬣」は、「たてがみ」と読みます。形がとても入り組んでいて、いかにも難しそうな漢字ですが、直前の「獅子」が読めさえすれば、すんなり読めてしまうでしょう。

⑤「竈」には、『潮騒』では「かまど」と振りがなが付いています。ただし、ほかにも「かま」「へっつい」などと訓読みされることもあります。どれで読んでも意味は同じ。字面《じづら》だけでは訓読みが一つに決められない例です。

⑥大山十吉は、海風によく鞣された革のような顔を持っていた。

⑦厨口の硝子《ガラス》戸に奥さんの影がうごいている。

⑧舳先に立って、（中略）朝空の下の太平洋の方角を眺めながら、

⑨弟の宏は（中略）組合長の息子の頭を刀で擲って泣かせたのであった。

⑩蛸《たこ》は、（中略）全身を辷り出してうずくまった。

⑥～⑧はやや古めかしいことばなので、知らないと読むのは難しいかもしれません。

⑥「鞣された」の読み方は、「なめされた」。「なめす」とは、〝はぎ取った動物の皮を加工して、柔らかくて破れにくい状態にする〟ことです。

⑦「厨口」は、「くりやぐち」。「くりや」とは〝台所〟の古い言い方。「厨房（ちゅうぼう）」という音読みの熟語であれば、おなじみかもしれません。

⑧「舳先」は、「へさき」。「へ」だけでも〝船の先端〟という意味の日本語ですが、ふつうは「さき」を添えて使われます。「舳」は、〝船の先端〟を意味する漢字です。

⑨「擲って」は、「なぐって」。「擲」は、中国語では〝ものを投げつける〟という意味を表す漢字で、日本語でも「擲つ（なげうつ）」と訓読みして使います。「なぐる」は、それが拡大解釈されたもの。国訓の例です。

⑩「辷り」は、「すべり」と読みます。「辶（しんにょう）」は〝移動〟を表す部首で、それに横棒を加えて〝横に動く〟という意味を表して、「すべる」と訓読みする国字です。『潮騒』の最初の二十ページほどを見ただけでも、以上のようなさまざまな漢字を拾い出すことができます。よく言われる「昔の人は、今の人とは比べものにならないほど漢字の知識が豊富だった」とは、具体的にはこういうことなのです。

8

部分から音読みを予想する

このあたりで、音読みに話題を移しましょう。

最初にご説明したように、音読みとは、昔の中国語の発音が日本語風に変化したものです。つまりは中国語からの外来語なのですが、その読み方については、意外と予想がついてしまうことがあります。ここでは、その予想のしかたについてお話をいたしましょう。

①道がわからなくなり、森の中を**彷徨**する。
②このウイスキーは、美しい**琥珀**色をしている。
③高い塔の上から、町を**俯瞰**した映像を撮る。

①「彷徨」の読み方は「ほうこう」で、〝さまよう〟という意味。
②「琥珀」は、「こはく」。〝明るく透明感のある茶色が美しい宝石の一種〟です。
③「俯瞰」は「ふかん」と読み、〝上から見下ろす〟ことを表します。

これらを難なく読める方も多いでしょう。でも、すぐには読めなかったとしても、「方」の音読みは「ほう」で「皇」の音読みは「こう」だから、「彷徨」は「ほうこう」と読むんじゃないか、と推測するのは難しくないですよね。同様に、「虎（こ）」と「白（はく）」から「琥珀（こはく）」、「府（ふ）」と「敢（かん）」を合わせて「俯瞰（ふかん）」というのも、それほど苦労せずに導き出せます。

次の四つはもう少し難しいことばですが、同じように考えて読むことができます。

④彼女はとても怜悧な頭脳の持ち主だ。
⑤この峠には山賊が蟠踞している。
⑥長い入院生活で、褥瘡ができる。
⑦怒られるのが恐くて、跼蹐しながら社長室に入る。

④「怜悧」は、「れいり」。「令（れい）」と「利（り）」という音読みをつなげればいいだけですよね。〝頭がいい〟という意味です。

⑤「蟠踞」も、「番（ばん）」と「居（きょ）」を合わせて「ばんきょ」。〝ある場所にどっしりと存在している〟ことを表します。

⑥「褥瘡」は「じょくそう」で、いわゆる〝床ずれ〟のこと。「辱」は、「屈辱《くつじょく》」「雪辱《せつじょく》」のように「じょく」と音読みする漢字です。

⑦「跼蹐」は、「きょくせき」と読み、〝おっかなびっくりしながら進むようす〟を表すことば。「脊」は難しいかもしれませんが、「脊髄（せきずい）」という熟語があります。

このように、漢字全体の音読みとその一部分の音読みが一致するのは、これらが〝形声《けいせい》〟と呼ばれる方法で作られているからです。

簡単に申し上げると、形声とは、あることばを表す漢字を作るときに、すでに存在している漢字の中からそのことばの発音と一致するものを探してきて、それに、「へん」や「かんむり」「にょう」といった部首を付け加える方法です。その結果、部首ではない部分の発音が全体の漢字の発音を表すことになるわけです。ここで言う発音とは昔の中国語の発音なのですが、それが変化したのが音読みなので、この関係を音読みにスライドさせることもできるのです。

形声の方法で作られた漢字は、全体の八割以上を占めていると言われています。特に、日常生活ではめったに使わない難しい漢字の場合、そのほとんどが形声。「まえがき」で取り上げた「窈窕（ようちょう）」もその例で、〝女性がしとやかなようす〟を表すことばです。

残りの三つは、漢字の形の上でちょっと注意が必要な例です。

⑧ご指導・ご**鞭撻**をよろしくお願い申し上げます。
⑨立派な**穹窿**を備えた教会建築。
⑩大学病院で医師としての**研鑽**を積む。

⑧「鞭撻」は、「便」「達」をつなげて「べんたつ」。〝厳しく指導する〟ことです。ただ、「撻」をよく見ると、「達」の「辶（しんにょう）」の点が一つ多いですよね。
⑨「穹窿」も、「弓」「隆」を合わせて「きゅうりゅう」。〝ドーム状の建築物〟を言います。この「窿」も、「生」の上に、「隆」にはない横棒が一本、加わっています。
⑩「研鑽」は「けんさん」と読み、〝さらなる向上を目指して努力する〟という意味。「鑽」の右側「賛」はだいぶ複雑な形をしていますが、「賛成」の「賛」と同じです。
「達」「隆」「賛」は、いわゆる〝旧字体〟で、昔はこの形の方が正式だったのです。旧字体に対して、「達」「隆」「賛」のように、現在、私たちがふつうに使っている漢字のことを〝新字体〟と言います。新字体は、日常的によく使われる漢字について、手書きの負担を軽減するために定められたもの。そのため、日常的にはめったに用いられない漢字の中には、逆に旧字体の形がそのまま残っていることがあるのです。

9 部分が同じならば音読みも同じ？

というわけで、形声の方法で作られている漢字では、部首ではない方の部分が音読みを表しています。この〝部首ではない方の部分〟のことを、〝音符《おんぷ》（声符《せいふ》）〟と呼んでいます。

音符の中には、今では単独の漢字として使われることが少なくなってしまい、音読みが知られていないものもあります。そういう場合、同じ音符を含む漢字をいくつか思い出すことで、突破口が開けることがあります。

①目に雑菌が入ったのか、**眼窩**に炎症がある。
②反対運動が**燎原**の火のごとく広がる。
③ＣＴを撮ったところ、動脈に**狭窄**が見つかった。
④ＳＮＳ上で**誹謗**中傷がくり返される。
⑤彼の**驕慢**な態度が、友人たちを遠ざけた。
⑥草むらの中を**匍匐**しながら前進する。

①「眼窩」は、「がんか」。〝目のくぼんだ部分〟を指します。「咼」は見慣れない漢字ですが、「通過」「渦中」「コロナ禍」といったことばを思い浮かべれば、「か」と読む音符だと容易に予想できますよね。

②「燎原」は「りょうげん」と読み、〝野焼きが行われている野原〟のこと。「尞」だけでは使い道のない漢字ですが、「同僚」「治療」「独身寮」などから、「燎」も「りょう」と読むことが推測できます。

③「狭窄」は、「きょうさく」。「窄」は、訓読みすれば「窄まる（すぼまる）」。「乍」の音読みを知らなくても、「作」「昨」がありますから、「さく」と読むことが想像できます。

④「誹謗」は「ひぼう」で、「誹」も「謗」も〝悪口を言う〟こと。「謗」の音読みについては、「傍線」が参考になるでしょう。

⑤「驕慢」は「きょうまん」と読み、〝思い上がる〟ことを表します。「陸橋」「矯正」を思い浮かべれば、音符「喬」は「きょう」と読むことが推測できます。

⑥「匍匐」の読み方は「ほふく」。「補」「捕」などから音符「甫」は「ほ」と読めそうだと想像できますし、「福」「副」を思い出せば、音符「畐」の読みは「ふく」だと予想がつきます。

残りの四つは、旧字体が絡んでいるものです。

⑦幕末の志士たちは、尊王**攘夷**を合言葉に活動した。
⑧他人のまじめな悩みを**揶揄**するな。
⑨どんなに立派な人物でも、**瑕瑾**はあるものだ。
⑩**雄勁**な筆遣いで、竜の絵を描き上げる。

⑦「攘夷」は「じょうい」と読み、〝外国の勢力を追い払う〟こと。「襄」は「じょう」と音読みし、新字体では少し変形して「嬢」「譲」「壌」「醸」などの音符になっています。
⑧「揶揄」の読み方は「やゆ」で、〝からかう〟という意味。「耶」は、名前で使われることのある漢字。音符「兪」は、「輸」「諭」などの音符の旧字体です。
⑨「瑕瑾」は、「かきん」と読み、〝ちょっとした傷〟という意味。「叚」はめずらしい形ですが、「休暇」を思い出してください。「堇」の方は、「勤」「謹」の音符の旧字体です。
⑩「雄勁」の読み方は「ゆうけい」で、意味は〝力にあふれている〟こと。「巠」は、「輕」「經」「徑」などに使われている音符で、それぞれ「軽」「経」「径」の旧字体です。

10 音読みの予想は微妙にずれがち？

形声の漢字には、音読みを示す音符が含まれています。それさえわかってしまえば音読みなんて難しくもなんともない、ということになりそうなのですが、そうは問屋が卸しません。

なぜなら、音符が表している音読みは、古い中国語の発音に基づくもの。現在、私たちが使っている音読みからは微妙にずれることがあるからです。

①疲れ切って、**蹌踉**とした足取りで歩く。
②**狡猾**な手段で、人から金をだまし取る。
③後に引けなくなって、思わず**啖呵**を切った。
④計画は資金難から**蹉跌**してしまった。
⑤多くの人命が犠牲になった、**凄惨**な事故。

①

「蹌踉」は「そうろう」と読み、〝よろけながら歩くようす〟を表します。「蹌」はいいとして、「踉」の方は「りょう」と読みたくなりますよね。でも、「浪人」の「浪」や、〝オオカミ〟を表す「狼」も「ろう」と音読みすることを考えれば、納得がいくでしょう。

②「狡猾」は「こうかつ」と読み、意味は〝ずる賢い〟こと。「骨」の音読みは「こつ」ですが、「猾」の音読みは「かつ」。似た例として、「滑空《かっくう》」の「滑」があります。

③「啖呵」は、読み方は「たんか」で、意味は〝勢いよく断言すること〟。「炎」の音読みは「えん」ですが、「啖」は「たん」と音読みします。「淡白」の「淡」や、のどにからむ「痰《たん》」と同じです。

④「蹉跌」は「さてつ」と読み、〝つまずく〟ことを表すことば。「失」の音読みにつられて「さしつ」と読みたくなりますよね。そんなときは、「鉄」や、「更迭《こうてつ》」の「迭」を思い出してみてください。

⑤「凄惨」は、読み方は「せいさん」で、〝とてもいたましい〟という意味。音符「妻」が「せい」という音読みを表す例としては、「同棲《どうせい》」の「棲」があります。

以上のように、音符の音読みと漢字の音読みが合わなくなっている主な理由は、漢字の長い歴史そのものにあります。中国で漢字が使われるようになってから、三五〇〇年近く。日本で用いられるようになってからだけでも、一六〇〇年くらい。その間に、中国語でも日本語でも、ことばの発音は変化してきました。中には、音符の発音とその漢字の発音が別々に変化したものもあるのです。
①〜⑤では、同じずれ方をする仲間がいる漢字を挙げてみました。こういった漢字については、お互いを関連させて覚えると効率的です。しかし、中には、そういう仲間がなかなか見つからない、孤独な漢字もあります。

⑥考えるひまもなく、体が**咄嗟**に反応する。
⑦一日中かけずり回ったので、すっかり疲労**困憊**した。
⑧都会の**喧噪**を忘れさせてくれる、静かな隠れ家。
⑨遊んでばかりの**懦弱**な生活を送る。
⑩梅の花から**馥郁**とした香りが漂う。

⑥「咄嗟」の読み方は「とっさ」で、意味は〝その瞬間〟。「出」を含んでいて「とつ」と音読みする漢字は、ほかにはなかなか見あたりません。
⑦「困憊」は「こんぱい」と読み、〝疲れ果てる〟という意味。「備」を音符にしていて「はい（ぱい）」と読む漢字は、大きな辞書を探しても簡単には見つからないことでしょう。
⑧「喧噪」は「けんそう」と読んで、〝さわがしい〟ことを表します。「宣」を含んでいい

て「けん」と音読みする漢字は、現在ではまず用いられないものばかり。ちなみに、「乾燥」「体操」のように、音符「喿」は「そう」という音読みを示します。〝気分がハイになったり落ち込んだりすること〟を指す「躁鬱（そううつ）」という熟語もあります。

残りの二つは、さらに混乱する例です。

⑨「懦弱」の正解は、「だじゃく」。〝意気地がない〟ことを表します。「需」は「需要《じゅよう》」のように「じゅ」と読み、「儒教」の「儒」では「じゅ」と読む音符として使われています。しかし、「懦」の場合は「だ」と読むのです。

⑩「馥郁」は、「ふくいく」と読み、〝いい匂いが漂ってくるようす〟。「馥」については、「腹痛」や「復活」などを思い浮かべれば、「ふく」と音読みすることがわかりますよね。問題は「郁」の方で、音符に使われた「有」の音読みは「ゆう」。同じ音符を含む「賄」は、「賄賂《わいろ》」のように「わい」と読みます。でも、「郁」の音読みは「いく」。三者三様なので、本当に困ってしまいます。

このように、形声で作られた漢字の読み方にはきちんとした原則はあるものの、それが当てはまらない例も少なからずあります。一応の規則はあるけれど例外も多い。——それが漢字なのだと、心得るべきでしょう。

11 ずれた予想が定着した音読み

形声の漢字では、音符の音読みがその漢字の音読みになるのが原則です。とはいうものの、先ほど見たようにこの原則には例外も多いので、鵜呑《うの》みにしていると間違った読み方をしてしまうことになります。同じ間違いをする人がたくさんいると、その間違いが一定の市民権を得ることがあります。そうやって生まれたのが、〝慣用音〟と呼ばれる音読みです。

①君には人間としての**矜恃**がないのか。
②このあたりにはキノコが**簇生**している。
③この切手は珍しく、マニアの**垂涎**の的だ。
④畑に農薬を**撒布**する。
⑤臭いを感じないのは、副**鼻腔**の炎症が原因だった。

①「矜恃」は、本来は「きょうじ」と読み、〝プライド〟を意味する熟語。しかし、「今」

につられて「きんじ」と読まれることがよくあります。

②「簇生」の本来の読み方は「そうせい」ですが、「族」につられて「ぞくせい」とも読まれています。「簇」は、訓読みでは「簇がる（むらがる）」と読む漢字です。

③「垂涎」は、「すいぜん」が本来の読み方。「延」につられて「すいえん」とも読まれます。「涎」の訓読みは、「よだれ」。「垂涎」とは〝よだれを垂らして欲しがる〟ことです。

④「撒布」も、本来の読み方は「さっぷ」。〝広い範囲にまき散らす〟という意味です。ところが、「散」につられてよく「さんぷ」と間違えられます。それが定着した結果、現在では「散布」と書く方が一般的になっています。

⑤「鼻腔」の本来の読み方は「びこう」で、〝鼻の穴の奥にある空洞〟のこと。「空」につられて「びくう」とも読まれます。特に医学用語としては、〝鼻の穴〟を指す「鼻孔（びこう）」とまぎらわしくないように、「びくう」と読むのが習慣です。

⑥古くさい考え方の**残滓**を一掃する。

⑦ことばの成り立ちを**溯源**的に研究する。

⑧トラが**獰猛**な目つきで獲物を見つめる。

⑨デマを流して敵の意識を**攪乱**する。

⑩異物を飲んだので、胃の中を**洗滌**する。

後半の最初の二つは、音符が少し難しめの漢字になっている例です。

⑥「残滓」は、本来は「ざんし」と読む熟語。「滓」は、〝沈澱物〟を指す漢字。「劇団を主宰《しゅさい》する」のように使う「宰」の影響で、「ざんさい」と読まれることがあります。

⑦「溯源」の本来の読み方は、「そげん」です。「氵（さんずい）」を「辶（しんにょう）」にして「遡源」と書いても意味は同じで、〝流れる方向とは逆向きに進む〟こと。「朔」は〝毎月の一日目〟を指し、「さく」と音読みする漢字。そのため、「溯源」は「さくげん」とも読まれています。

残りの三つは、旧字体が関係する例です。

⑧「獰猛」は、本来は「どうもう」と読み、〝荒々しくて暴力的なようす〟を表すことば。「寧」につられて「ねいもう」と読む人もいます。よく見ると、「獰」の音符の「寧」では、「皿」の部分が「皿」になっています。とても微妙ですが、旧字体の形です。

⑨「攪乱」は、「こうらん」と読むのが本来の読み方。ただし、「覺」は「覚」の旧字体なので、「攪乱」もしばしば「かくらん」と読まれています。意味は、〝かき回してぐちゃぐちゃにする〟ことです。

⑩「洗滌」は、本来は「せんでき」と読んで、〝水や薬剤を使ってきれいにする〟ことを表す熟語。「条」の旧字体「條」につられて、「せんじょう」とも読まれるようになりました。その結果、今では「洗浄」と書くのが一般的になっているところは、④の「撒布」と似ています。

以上のうち、本来の音読みとは異なる方の音読みも、慣用音として認めるのが一般的です。でも、それでいいのでしょうか。間違いだとすべきではないのでしょうか。

この問題は、結局のところ、その音読みがどれくらい市民権を得ているかによって判断するしかなく、人によってその判断は異なります。以上に掲げた例の中にも、辞書によっては間違いだとしているものもあることでしょう。

みなさんの中にも、本来の音読みを守るべきだと考える方もいらっしゃるでしょうし、現実に合わせてフレキシブルに対応すべきだと感じる方もいらっしゃることでしょう。どちらかの立場がより優れているというわけではありません。

ことばや文字はコミュニケーションの道具ですから、一定の〝きまり〟を守らないと、相手に伝わらなくなってしまいます。その一方で、ことばや文字の世界とはこういう〝揺れ〟を常に抱えているというのも、事実なのです。

12

予想がつかない音読みもある！

漢字の中には、形声の漢字とよく似た見かけをしているのに、音符を含んでいないものもあります。それらは主に〝会意《かいい》〟という方法で作られていて、字形から音読みを推測することはできません。

ここでは、会意の方法とはどんなもので、その方法で作られた難読漢字にはどのようなものがあるか、見てみることにしましょう。

①公文書の**改竄**が発覚する。
②法廷に不審者が**闖入**する。
③重罪人が**焚刑**に処せられる。
④**蠱惑**的なまなざしで相手を見つめる。
⑤伝統の**羈絆**を脱して、新しいものを生み出す。

①「改竄」の読み方は、「かいざん」。「ねずみ」と訓読みする「鼠」は、音読みでは

「そ」と読みますが、「竄」の音読みとは関係がありません。それは、会意という方法で作られているからです。

会意とは、すでにある複数の漢字を組み合わせて、その意味の掛け合わせによって、新しい意味を持つ新しい漢字を生み出す方法。「木」を二つ合わせて「林」を、「目」の上に「手」をかざして「看」を作るなどが、わかりやすい例です。「竄」は、ネズミが巣穴に隠れるように〝わからないように手を加える〟ことを表すので、「鼠」に「穴」を組み合わせて作られたと考えられます。会意の原理は意味の掛け合わせですから、発音は関係しません。そのため、形声とは違って、発音を示す音符は存在しないのです。

②「闖入」は、「ちんにゅう」。「闖」は、「馬」が勢いよく「門」を出入りするところから、〝急に出入りする〟ことを表します。「門」も「馬」も、「ちん」とは読みません。

③「焚刑」は、「ふんけい」と読む熟語。「焚」は、訓読みでは「焚《た》き火《び》」のように使い、「木」二つに「火」を組み合わせて〝木を集めて燃やす〟ことを表します。「林（りん）」が音符になっているわけではありません。

④「蠱惑」は「こわく」と読み、〝心を狂わせる〟という意味。「蠱」は〝呪いを掛ける〟ことを表す漢字で、古代の中国で、「皿」にいろいろな「虫」を入れて呪いを掛ける方法があったことに由来します。「蟲」は、「虫」の旧字体です。

⑤「羈絆」の読み方は「きはん」で、意味は〝自由を束縛するもの〟。「羈」は、〝「革」のひもで「馬」をつなぐ〟ところから生まれた会意の漢字。「罒（あみがしら）」には、〝捕まえる〟という意味があります。なお、訓読み「きずな」で大人気の「絆」は形声の漢字で、「半」は「半」の旧字体です。

以上は、意味と意味を組み合わせて新しい意味を表すという会意の方法の特徴が、比較的わかりやすい漢字です。しかし、そういう漢字ばかりではありません。以下の五つについては、成り立ちの説明を始めると長くなるので省略しますが、音符が存在しないので音読みの予想ができないことを確認してください。

⑥身内だからといって贔屓してはいけない。
⑦猥褻な写真を撮影した罪で、逮捕される。
⑧恩師の亡きがらにすがりついて慟哭する。
⑨幼い王を補弼して国を治める。
⑩彼女は七十歳を超えても矍鑠としている。

⑥「贔屓」は、「ひいき」と読んで、〝一方にだけ味方する〟こと。「贔」も「屓」も会意

の漢字です。

⑦「猥褻」の読み方は「わいせつ」で、〝性的な面で度を越している〟こと。「界隈（かいわい）」の「隈」があるように、「猥」は形声の漢字ですが、「褻」は会意の漢字です。

⑧「慟哭」は「どうこく」と読み、〝大声を上げて泣く〟という意味。「慟」は形声の漢字ですが、「哭」は会意の漢字です。

⑨「補弼」は、読み方は「ほひつ」、意味は〝君主が政治を行う手助けをする〟こと。「弼」は〝手助けする〟という意味の漢字で、会意の漢字だと考えられています。

⑩「矍鑠」の読み方は「かくしゃく」。意味は〝年を取っても元気でいるようす〟。「矍」は会意の漢字です。ちなみに「鑠」は形声の漢字。「樂」は「楽」の旧字体で、「鑠」では「しゃく」という音読みを示しています。しかし、「れき」という音読みを示すことの方が多く、例としては、〝砂や小石〟を指す「砂礫（されき）」や、〝車にひかれて死ぬ〟ことを言う「轢死（れきし）」などがあります。

このように、会意の方法で作られた漢字には、音読みを知るための手がかりがありません。この章で取り上げてきたいかにも難しそうな漢字の中でも、最高度の難読漢字だと言えるでしょう。

13

芥川龍之介の絢爛《けんらん》たる音読み

ここまでに取り上げたような、いかにも難しそうな漢字を使った音読みの熟語には、昔の文章を読んでいるとよく出会うことがあります。

たとえば、大正時代に活躍した短篇小説の名手、芥川龍之介の『芋粥《いもがゆ》』(一九一六年)。和漢洋の文学に造詣が深かった文豪だけあって、文庫本で三十ページ程度の作品の中に、実にさまざまな難読漢字がちりばめられています。

①徒歩の連中は、路傍《みちばた》に**蹲踞**して、(中略)待ち受けた。

②前よりも一層可笑《おか》しそうに広い肩をゆすって、**哄笑**した。

③結局、莫迦《ばか》にされそうな気さえする。彼は**躊躇**した。

④錆《さび》のある、**鷹揚**な、武人らしい声である。

⑤**的皪**として、午後の日を受けた近江の湖が光っている。

①「蹲踞」は、「そんきょ」と読み、ここでは〝両膝をついて座る〟こと。「蹲」は、「尊

（そん）」を音符とする形声の漢字で、「尊」は「尊」の旧字体。「踞」も、「居（きょ）」を音符とする形声の漢字です。

②「哄笑」の読み方は「こうしょう」。「哄」は、〝大声を出す〟ことを表します。「共（きょう）」を音符とする形声の漢字ですが、その音読みは「こう」に変化しています。「洪水」の「洪」と同じです。

③「躊躇」の読み方は「ちゅうちょ」。〝ためらう〟ことを表します。「壽」は、「寿命」の「寿」の旧字体ですが、この漢字では音読みが「ちゅう」となっています。似た例に、「貨幣の鋳造《ちゅうぞう》」のように使う「鋳」や、難読ですが、〝カテゴリー〟を意味する「範疇（はんちゅう）」の「疇」があります。「躇」の方は、「著」を音符とする形声の漢字ですが、よく見ると、「日」のすぐ上に点があります。「著」の旧字体です。

④「鷹揚」は、「おうよう」と読み、〝どっしりと構えているようす〟。「応」の旧字体が「應」であることを知っていれば、「鷹」の音読みが「おう」であることには納得がいくことでしょう。

⑤「的皪」は、「てきれき」と読むのが正解で、〝明るく輝くようす〟を言う熟語。「皪」は、「楽」の旧字体「樂」を音符とする形声の漢字。「樂」が「れき」という音読みを表す例については、たった今ご紹介したばかりです（60ページ）。

⑥軽蔑と憐憫とを一つにしたような声
⑦烏帽子《えぼし》と水干《すいかん》とを、品隲して飽きる事を知らなかった。
⑧答え方一つで、また、一同の嘲弄を、受けなければならない。
⑨狐さえ頤使する野育ちの武人
⑩その愚を哂《わら》う者は、畢竟、人生に対する路傍の人に過ぎない。

⑥「憐憫」は、「れんびん」と読んで、〝かわいそうだと思う〟という意味。「憐」の音符「粦」は、「となり」と訓読みする「隣（りん）」や、「うろこ」と訓読みする「鱗（りん）」にも含まれていますが、「憐」で表している音読みは「れん」。「憫」は、「閔（びん）」を音符とする形声文字ですが、現在では「閔」を使うことはまずありません。
⑦「品隲」の読み方は、「ひんしつ」。〝品定めする〟ことを表します。「隲（しつ／ちょく）」は、「陟（ちょく）」を音符とする形声の漢字なのですが、これまた、現在では「陟」はまず使われない漢字となっています。
⑧「嘲弄」は、「ちょうろう」と読み、〝ばかにして笑う〟という意味。「嘲」は形声の漢字で、中に含まれている「朝」は、「朝」の旧字体です。「弄」の方は、訓読みでは「もてあ

そぶ」となる会意の漢字。「王」は「玉」の変形、「廾」は〝両手〟を表す形で、合わせて、〝両手で玉をもてあそぶ〟ところから生まれたと考えられています。

⑨「頤使」は、「いし」と読み、いわゆる〝あごで使う〟ことを表す熟語。「頤」は〝あご〟のこと。「臣（い）」を音符とする形声の漢字ですが、「臣」という漢字を使うことは現在ではまずないことでしょう。

⑩「畢竟」は「ひっきょう」。「畢」の成り立ちには諸説ありますが、形声でも会意でもなく、現在で言う〝ちりとり〟のようなものの絵から生まれた漢字だ、とするのが有力です。「竟」の方も成り立ちは複雑ですが、「鏡」「境」の音符として使われていることに気づけば、「きょう」という音読みを予測するのは難しくはないでしょう。

以上、この章では、いかにも難しそうな漢字を取り上げながら、訓読みと音読みの違いをはじめとする、漢字の読み方についての基本的な知識を説明してきました。しかし、難読漢字の中には、漢字そのものはやさしそうなのに読み方だけが難しいものもあります。どうしてそんな事態が生じるのでしょうか?

その謎を解くために、章を改めて、やさしそうな難読漢字の世界へと分け入っていくことにいたしましょう。

第Ⅱ章

やさしい漢字の難しい読み方

よく使っている漢字をそのつもりで読んだら、間違っていた。——そんな経験は、だれにだってあることでしょう。その原因の一つは、漢字の音読みと訓読みのそれぞれに、さまざまなバリエーションがあることです。

この章では、まずは音読みはいくつかの種類に分けられることをご説明し、続いて、訓読みの多様な可能性についてお話をいたします。

1

音読みは一種類とは限らない

「留学」は「りゅうがく」と読み、「厳守」は「げんしゅ」と読みます。なのに、「留守」を「りゅうしゅ」ではなく「るす」と読むのは、なぜなのでしょうか？　それは、漢字には原則として二種類の音読みがあるからです。

その二種類を、やや専門的には〝漢音《かんおん》〟と〝呉音《ごおん》〟と呼んでいます。それでは、この二種類の音読みはどのようにして生まれてきたのでしょうか？

①お世話になった方々に、**律儀**にあいさつして回る。
②地獄に落ちて**業火**に焼かれる。
③血行障害が原因で、細胞が**壊死**する。
④古代エジプトでは、ミイラを作る際に**没薬**を用いた。

①「律儀」は、「法律」の「律」と「儀式」の「儀」の組み合わせですから、「りつぎ」と読みたくなりますよね。でも、正解は「りちぎ」です。

②「業火」は、〝地獄で罪人を苦しめる火〟のこと。「業務」の「業」ですから「ぎょうか」と読んでしまいがちですが、「ごうか」と読みます。

③「壊死」は、「かいし」ではなく「えし」と読んで、〝体の一部の組織が死ぬ〟こと。

④「没薬」は〝防腐剤の一種〟で、「ぼつやく」ではなく「もつやく」と読みます。なんだか、漢字の神様がわざと〝ひっかけ〟を用意しているみたいですよね。

第Ⅰ章でご説明したように、音読みとは、昔の中国語の発音が日本語風に変化したものです。その〝昔の中国語〟の中心となっているのは、奈良時代から平安時代の初めごろにかけて、遣隋使《けんずいし》や遣唐使《けんとうし》が実際に中国で学んで帰ってきた中国語です。

しかし、漢字は、それよりも何百年も前に、大陸からの渡来人によって日本列島にもたらされていました。遣隋使や遣唐使以前に、音読みもすでに存在していたのです。ただ、その音読みの元になったのはだいぶ古い中国語でしたし、中国の南の方の方言でもありました。そこへ、北部中国にある都へと留学したエリートたちが、最先端を行くピッカピカの中国語の発音をもたらし、新しい音読みが生まれることになったのです。

この新しい方の音読みを〝漢音〟、古い方の音読みを〝呉音〟と言います。漢音の登場により呉音は時代遅れとなりましたが、それでも一部は使われ続けました。ここで取り上げている熟語は、それが現在にまで続いている、〝生きる化石〟のような存在なのです。

というわけで、理屈の上では、すべての漢字に漢音と呉音が存在します。しかし、漢音と呉音に違いがない漢字もたくさんあります。①〜④の「儀」「火」「死」「薬」が、その例。そのため、これらの熟語は片方の漢字だけを特殊な読み方で読んでいるように見えるのです。一方、二字熟語の両方を呉音で読む熟語もあります。そういう場合には、もちろん、難読の度合いが上がります。

⑤歴史上ほかに例がない、**希有**なできごと。
⑥銅板の屋根がさびて、**緑青**だらけになる。
⑦お寺の鐘の鳴る音に、**久遠**の真理を聴く。
⑧ご霊前に**供物**を捧げる。

⑤「希有」は、〝めったにない〟という意味。「きゆう」ではなく、「けう」と読みます。
⑥「緑青」は〝銅にできるさび〟を指すことばで、読み方は「ろくしょう」。「りょくせい」と読んでしまうと、意地悪な漢字の神様の思うつぼにはまります。
⑦「久遠」は、「永久」「永遠」と意味が似ていて、〝はるかに長い時間〟を表すことば。でも、「きゅうえん」ではなく「くおん」と読みます。

⑧「供物」は、「きょうぶつ」ではなく「くもつ」。〝お供えもの〟をやや硬く表現するときに使われます。

以上のように、呉音は、漢音に比べて特殊な読み方だと感じられるのがふつうです。新しい漢音の方が、よく使われるからです。しかし、たまには逆の例もあります。

⑨将棋の駒の一つ、**香車**は、前向きにはいくらでも進める。

⑩厳しい**庭訓**によって培われた、忍耐強い性格。

⑨「香車」は、「こうしゃ」ではなく「きょうしゃ」。「きょう」はめったに用いられない読み方ですが、実はこれが漢音。よく使う「こう」は呉音です。

⑩「庭訓」は、「ていくん」ではなく「ていきん」と読み、〝家庭教育〟のこと。これまた、ほかではほとんど使われない「きん」の方が漢音で、「くん」が呉音です。

音読みが一つとは限らないことは、難読漢字を生み出す一因となっています。しかし、その背景には、大陸からの渡来人だとか、遣隋使や遣唐使といった人たちの営みがあるのです。特殊な音読みの中に、歴史の深みを感じてみましょう。

2 意味によって変わる音読み

漢音と呉音の違いは、元になった中国語の時代や地域によるもので、意味とは関係がありません。しかし、数は少ないですが、意味に応じて音読みを使い分けなければならない漢字もあります。

それらは、読み間違いをしやすいという点で、難読漢字の一種。どんな漢字があるか、見てみましょう。

① 熱でもあるのか、背筋に**悪寒**が走る。
② 長所と短所が**相殺**されて、プラスマイナスゼロになる。
③ 文の流れをはっきりさせるために、**読点**を打つ。
④ 今後はこの問題は蒸し返さない、という**言質**を取る。
⑤ **滑稽**な踊りで観衆を笑わせる。
⑥ 会場の使用料を、**出納**窓口でお支払いください。

①「悪寒」は「おかん」と読み、〝いやな寒気《さむけ》〟のこと。「悪」は、ふつうの音読みはもちろん「あく」ですが、〝いやな〟〝憎む〟という意味の場合には「お」と音読みします。「嫌悪《けんお》」「憎悪《ぞうお》」などが、よく使われます。

②「相殺」の読み方は「そうさい」で、〝打ち消し合う〟という意味。〝少なくする〟という意味の「殺」は、「さつ」ではなく「さい」と音読みします。ほかに「減殺（げんさい）」も、読みを間違いやすい例でしょう。

③「読点」は、〝文の区切りに打つ点〟。「とうてん」と読みます。「読」を「とう」と音読みするのは、この〝文を区切る〟という意味の場合だけです。

④「言質」は、「げんち」と読み、〝約束の保証となることば〟のこと。「質」は、ふつうは漢音「しつ」か呉音「しち」で読みますが、〝約束の保証〟という意味の場合には「ち」と読みます。

これらの漢字では、元になった中国語の段階で、複数の発音を意味によって使い分けていました。それを受け継いで、その発音が日本語風に変化して音読みになっても、意味によって音読みを使い分ける必要があるのです。

次の二つは、ちょっと特殊な例です。

⑤「滑稽」は、「こっけい」。「滑」はふつうは「かつ」と音読みしますが、この熟語の場

合は「こつ」と音読みします。「滑稽」は〝おかしな〟という意味ですが、もともとは中国語の擬音語・擬態語で、使われている漢字は当て字のようなものです。

⑥「出納」は、「すいとう」。「出」を「すい」と音読みするのは、この熟語のほかに、〝軍隊を出発させる〟ことを指す「出師（すいし）」くらい。この二つに共通する意味は、今一つはっきりしません。ちなみに、「納」を「とう」と読むのは、漢音の一種。「のう」と読むのが、呉音です。

以上のように、意味によって音読みを使い分けるのは、けっこうたいへんです。しかし、漢字の神様もさすがにそこまで意地悪ではなく、その必要がある漢字は漢字全体の中では圧倒的に少数派です。

同様に数はとても少ないのですが、中国語では意味の違いはないのに、日本語で独自に意味によって漢音・呉音を使い分けている漢字もあります。

⑦この巡視船は、まだ**就役**したばかりの新造船だ。
⑧彼は、さる伝統芸能の**宗家**の跡取りらしい。
⑨野党は、**法相**が国会審議に出席することを要求した。
⑩仕事でミスをして、上司の**不興**を買う。

⑦「就役」は、「しゅうえき」と読み、〝任務に就く〟こと。「懲役（ちょうえき）」や「苦役（くえき）」「兵役（へいえき）」のように〝命じられた任務〟を指す「役」は、漢音で「えき」と読むのが習慣です。

⑧「宗家」は、〝中心となる家〟のことで、読み方は「そうけ」。「宗」を「しゅう」と読むのは、〝宗教〟に関係する場合だけで、あとは漢音で「そう」と読むのが慣わしです。

⑨「法相」の読み方は、「ほうしょう」。〝大臣〟を指す「相」は、漢音「しょう」で読みます。「首相《しゅしょう》」と同じだと考えれば、「ほうそう」と読み間違えないで済みますよね。

⑩「不興」は、「ふきょう」。「不興を買う」で〝気分を損ねる〟という意味を表します。「興味《きょうみ》」「余興《よきょう》」など、〝おもしろがる〟ことや〝楽しみ〟を表す「興」は、漢音で「きょう」と読みます。「興亡《こうぼう》」「復興《ふっこう》」など、〝盛んになる〟〝盛んにする〟場合の音読みは、呉音「こう」です。

こういった漢字で漢音と呉音を使い分けるのは、その方が意味がはっきりして便利だ、という事情があったからなのでしょう。日本人は、中国から受け取った漢字をそのまま使っているのではなく、自分たちなりにカスタマイズして使っていることが、こういうところにも現れています。

3

二種類の音読みで読める熟語

「出生」は「しゅっせい」とも「しゅっしょう」とも読み、「重複」は「じゅうふく」とも「ちょうふく」とも読まれます。これらは漢音と呉音の違いで、どちらで読んでも意味は変わらず、両方が使われている熟語です。

ただ、時には、意味や文脈に応じて漢音と呉音を使い分ける習慣になっている熟語もあります。そういった熟語も、読み間違いを起こしやすい難読漢字だと言えるでしょう。

①ぬるっとした**気色**の悪い感覚。
②いわれのない中傷を受けて、**気色**ばむ。
③人間の**本性**は善なのか、悪なのか。
④善人ぶっている人物の**本性**を暴く。
⑤彼は、上司の前ではいつも**追従**笑いを浮かべている。
⑥他人に**追従**してばかりでは、独創性が育たない。

①「気色」は、「きしょく」。〝何かから受ける感覚〟を言う場合には、こう読みます。
②は、字面は同じですが「けしき」と読む例。「気色ばむ」で、〝怒りを顔に出す〟ことを表します。
③「本性」は、「ほんせい」と読み、〝根源的に持っている性質〟のこと。
④も同じ漢字を使っていますが、意味は微妙に違って〝本当の性格〟。この場合は、「ほんしょう」と読むのが習慣です。
⑤「追従」の読み方は、「ついしょう」。〝おべっかを使う〟という意味です。
⑥も漢字は変わりませんが、このように〝他人の意見に付き従う〟場合には、「ついじゅう」と読んで区別するのが習慣です。
①③⑤は漢音読みで、②④⑥は呉音読み。ただ、このように読み分けるのは現在の一般的な習慣で、古くは②の場合に「きしょく」と読んだり、④の場合に「ほんせい」と読んだり、⑥の場合に「ついしょう」と読んだりもしています。漢音と呉音の違いは、本来的には意味とは関係がありませんから、読み分けの習慣も不安定なのです。
ところで、呉音には、仏教関連の用語でよく使われるという特徴があります。これは、仏教が日本に伝わったのが遣隋使や遣唐使の時代より前だったことに関連しています。仏教の

世界では早くに呉音が定着してしまい、後から入って来た漢音の影響をあまり受けなかったことばも多かったのでしょう。

そこで、意味や文脈によって漢音と呉音で読み分ける熟語も、片方が仏教と関係する場合には、比較的、安定して読み分けられています。

⑦新しい仏像の**開眼**供養を行う。
⑧お盆には、先祖の**精霊**をお迎えする。
⑨仏教では、宗派によっては**肉食**が禁じられている。
⑩**疫病**神に取り付かれたのか、いいことがない。

⑦「開眼」は、呉音読みで「かいげん」。〝仏像に目を入れる（完成させる）〟場合には、こう読みます。「白内障の開眼手術」「テニスに開眼する」のように仏教とは関係のない文脈では、漢音で「かいがん」と読んでかまいません。

⑧「精霊」も同様で、お盆に帰ってくる〝死者の魂〟を指す場合は「しょうりょう」と呉音読みするのが一般的。なまって「しょうろう」となることもあります。一方、ヨーロッパの伝説に出て来る「森の精霊」のように、仏教を離れた文脈では、漢音で「せいれい」と

読むのがふつうです。

⑨「肉食」は、一般的には「にくしょく」と読みますが、仏教の世界では「にくじき」と読みます。「食」を「しょく」と読むのは漢音、「じき」と読むのは呉音です。

⑩「疫病」の読み方は「やくびょう」。「疫病神」とは〝不幸をもたらす神様〟で、厳密には仏教の神様ではありませんが、この場合には、「疫」を呉音「やく」で読むのが習慣。漢音で「えき」と読む「疫病」は、広く〝伝染病〟を指します。

ちなみに、「肉」を「にく」と読むのも、「病」を「びょう」と読むのも、実は呉音。どちらも、呉音読みの方が定着している漢字です。

まったく同じ漢字を使った熟語なのに、意味や文脈に応じて音読みを使い分けなくてはいけないというのは、けっこう面倒な話です。ことばが時代とともに変化していくものであることを考えると、どちらかがどちらかに吸収されてしまってもおかしくはありません。事実、そうやって消滅していった読み方も、過去にはたくさんあったことでしょう。

それでもその使い分けが残っているというのは、そもそも日本人にとって、漢字に複数の音読みがあるのは当たり前だったからでしょう。日本語の漢字の世界には、漢音と呉音という二つの音読みが、深く織り込まれているのです。

4 時には第三の音読みも存在する！

実は、音読みは漢音と呉音の二種類だけではありません。ほかにも、一〇世紀ごろ以降、明治維新に至るまでの間に生まれた〝唐音《とうおん》〟があります。

二種類だけでも複雑なのに、もう一つ加わるのは勘弁して欲しいところですが、心配はご無用。唐音は、この時期に中国から伝わったものごとを指すごく限られたことばにだけ見られるのが基本で、その数はとても少ないからです。

①屋台の軒先に**提灯**をつるす。
②寒い夜には、足元に**湯湯婆**を入れて寝る。
③**風鈴**の鳴る音に涼しさを感じる。
④なじみのお店の**暖簾**をくぐる。

①「提灯」は、「ちょうちん」と読みます。漢音で読むなら「ていとう」、呉音で読むなら「だいとう」ですが、どちらでもない読み方です。

遣唐使が九世紀の終わりに廃止されて以降、明治時代に入った一九世紀後半に至るまで、日本から中国へ公式の留学生が渡り、中国語を身につけて帰ってくるような交流は途絶えてしまいます。その時期に散発的に生み出された音読みが、唐音。あの〝ちょうちん〟の原型となったものが中国から渡ってきたのは室町時代のころで、「ちょうちん」とは、その当時の中国語の発音が変化したものなのです。

②「湯湯婆」の読み方は、「ゆたんぽ」。「湯婆」とは、もともと、〝お湯を入れて暖を取るための銅製の容器〟を指す中国語。それが伝わってきたのも室町時代のことだと考えられており、そのときの発音が変化して、「たんぽ」と読まれるようになりました。その上に訓読み「湯（ゆ）」を付けたのは、耳で聞いただけで意味がわかるようにする工夫でしょう。

③「風鈴」は、「ふうれい」ではなく「ふうりん」。これも事情は同じですが、「風」はふつうに漢音で読まれています。

④「暖簾」は、「だんれん」ではなく「のれん」。「暖」を「の」と読むのは、唐音「のん」が変化したもの。「簾」の音読み「れん」は、漢音です。③④のように、唐音は熟語の一部分にだけ出現することもある、ゲリラ的な音読みなのです。

ここまでの四つは、どれも和風の情緒を感じさせる風物ですが、唐音で読んでいるところから、実は中国から伝わったものを日本的にアレンジして生まれたのだとわかります。そういうことに気づかせてくれるのも、唐音のおもしろさの一つです。

⑤おせちの中では栗金団が一番好きだ。
⑥おそば屋さんで巻繊汁を食べる。
⑦名古屋のみやげに外郎を買う。

⑤「金団」の読み方は、「きんとん」。これそのものが中国由来というわけではありませんが、「水団（すいとん）」は中国に由来する食べものなので、それと関係があるのでしょう。
⑥「巻繊汁」は、「けんちんじる」。これも、元をたどると、禅宗のお坊さんによって中国から伝えられた料理に行き着きます。「巻」を「けん」と読むのは漢音ですが、「繊」を「ちん」と読むのは唐音。漢音・呉音では「せん」です。
⑦「外郎」は、「ういろう」。「外」は、漢音では「がい」、呉音では「げ」。「ういろう」は、もともとは一四世紀ごろに中国から伝来した薬の名前でしたが、のちに変化して、現在のようなお菓子を指すようになりました。
以上のような生活用具や食べものを表すことばのほか、鎌倉時代以降に盛んになったいわゆる〝新仏教〟に関係することばの中にも、唐音がまとまって見られます。

⑧迷惑をかけた相手に、謝罪行脚をして回る。
⑨母屋とは別に、新しく離れを普請する。
⑩そのお坊さんは、売僧だとして非難を浴びた。

⑧「行脚」は、もともとは〝主に禅僧があちこちを修行して回る〟ことを指すことば。漢音で読めば「こうきゃく」、呉音なら「ぎょうかく」ですが、唐音で「あんぎゃ」と読むのが正解です。「行」を唐音「あん」で読む熟語としては、ほかに「行灯（あんどん）」「行火（あんか）」「行宮（あんぐう）」などがあります。
⑨「普請」は「ふしん」と読み、本来は〝人々に協力してもらいお寺などを建てる〟こと。「請」は、漢音では「せい」と読み、「しん」と読むのは唐音です。
⑩「売僧」の読み方は「まいす」で、〝欲に目がくらんだ僧〟のこと。耳慣れないことばかもしれませんが、時代小説などで、お坊さんをののしるときに出てきます。
唐音は、ちょっと難しい漢字を用いた熟語の中にも使われています。たとえば、「胡散（うさん）臭い」の「胡（う）」、お菓子の「羊羹（ようかん）」の「羹（かん）」、長崎発祥の「卓袱（しっぽく）料理」の「卓（しっ）」と「袱（ぽく）」などが、その例です。

5 現代中国語から生まれた読み方

中華料理の世界では、「炒飯（チャーハン）」「餃子（ギョーザ）」「烏竜茶（ウーロンチャ）」「青椒肉絲（チンジャオロース）」など、現代中国語の発音から生まれた漢字の読み方が、よく見られます。

ここでは、それらのうち、学校で習うことになっている漢字だけから構成されているものを見ておきましょう。

①焼売　②老酒　③飲茶　④米粉
⑤辣油　⑥搾菜　⑦青梗菜　⑧回鍋肉
⑨棒々鶏　⑩小籠包

料理や食材などの名前で一つ一つに異なる例文を作るのはたいへんですから、ここでは、ことばだけを羅列する形にさせていただきました。

①「焼売」は「シューマイ」。これは、現代の広東語の発音が変化したもの。ふつうに音

読みすれば「しょうばい」ですよね。

②「老酒」は「ラオチュー」。これも、ふつうなら「ろうしゅ」と音読みするところ。北京語の発音が変化した読み方で読まれています。

これらは、〝中国語の発音が日本語風に変化したもの〟という点では音読みの一種。とはいえ、まだ歴史が浅く外来語だという意識が強いので、〝現代中国語音〟として、漢音・呉音・唐音といった音読みとは区別して取り扱われるのが一般的です。

③「飲茶」は「ヤムチャ」。「飲」を「ヤム」と読むのは、広東語に由来しています。

④「米粉」は、「べいふん」とふつうに読んでいただいてもいいのですが、ここで問題にしたい読み方は「ビーフン」。「米（ビー）」の由来は、福建省や台湾での発音です。

⑤「辣油」は「ラーユ」で、北京語に由来。「辣」は、「辣腕（らつわん）」「辛辣（しんらつ）」のように、ふつうは「らつ」と音読みする漢字です。

⑥「搾菜」は「ザーサイ」。「搾」は、訓読みでは「しぼる」。「搾乳（さくにゅう）」のように、「さく」と音読みして用いられます。

この四つでは、片方の漢字だけが現代中国語音で読まれています。現代中国語音とは、現代中国語の発音が日本語風に変化したもの。「茶」「粉」「油」「菜」の発音は、その変化の結果、従来からある音読みと同化してしまったのでしょう。そのために、熟語の一部の漢字だけが現代中国語音で読まれることになっているわけです。

⑦「青梗菜」は「チンゲンサイ」。中国南部が原産なので、そのあたりの発音に基づく読み方ではないでしょうか。

⑧「回鍋肉」は「ホイコーロー」。四川料理の一つなので、四川省での発音でしょう。「鍋」は、音読みでは「か」と読みます。

⑨「棒々鶏」は「バンバンジー」。これまた、四川料理の一つです。

⑩「小籠包」は「ショーロンポー」で、「小」はふつうの音読みですが、「籠」「包」は現代中国語音。上海発祥の料理なので、元になったのは上海での発音でしょう。「籠」は、音読みでは「ろう」、訓読みでは「こもる」とか「かご」などと読む漢字です。

現代中国語音は、「麻雀（マージャン）」の用語や「香港（ホンコン）」や「上海（シャンハイ）」といった中国の地名の読み方にもよく見られます。ただ、料理関係の用語は特に多く、昨今の食の多様化を考えると、これからも増えていくのではないでしょうか。

そういうことで言えば、韓国料理も要注目。「参鶏湯（サムゲタン）」「純豆腐（スンドゥブ）」などは、韓国語の発音で読む漢字熟語として定着しつつあります。

今後は、そういった漢字の読み方も増加していくものと予想されます。漢字の世界では、今も日々、新しいことが起こり続けているのです。

6 音読みはさまざまに変化する

唐音や現代中国語音があるものの、漢字の音読みは、基本的には漢音と呉音の二つに絞られます。では、この二つをとにかく押さえておけば一通りの用が足りるのかといえば、そうでもありません。

なぜなら、漢字が複数結び付いた熟語での音読みは、漢字単独の音読みから少し変化することがあるからです。具体例で見てみましょう。

①**薬缶**を火にかけてお湯を沸かす。
②これは純金ではなくて、**滅金**だな。
③彼は剣道部で主将を務めた**猛者**だ。
④**数珠**を手にして念仏を唱える。

①「薬缶」は、ふつうなら「やくかん」となるところですが、「やかん」と読みます。
②「滅金」は、「めっき」。これまた、ふつうなら「めっきん」となるはずです。

③「猛者」の読み方は、「もうしゃ」ではなくて「もさ」。古くは「もうざ」と読んだといいますが、いずれにしても素直な読み方ではありませんよね。

④「数珠」は、ちょっと特殊な例。もともとは呉音で「しゅじゅ」と読んだのではないかと思われますが、現在ではそれが変化して「じゅず」と読まれるようになっています。

以上は、ある音が省略されてしまったり、小さい「ゃ」「ゅ」が変化して母音のａやｕになったりしている例です。

ほかに、一文字目の音読みの終わりと二文字目の音読みの最初が結び付いて、別の読み方になることもあります。たとえば、「反応」はだれだって「はんのう」と読みますが、一文字ずつを厳密に読むと「はん・おう」ですよね。「因縁（いんねん）」や「安穏（あんのん）」も同じです。これらは慣れてしまえばなんてことありませんが、少し複雑な例もあります。

⑤予想外の事態が出来した。

⑥はばかりながら雪隠をお借りします。

⑦時代劇で吉原のあでやかな太夫を演じる。

⑤「出来」は、「しゅったい」。ふつうに読めば「しゅつ・らい」ですが、「つ（tu）」の母音uと「ら（ra）」の子音rがなくなり、合わせて「た（ta）」に変化しています。

⑥「雪隠」は、「せっちん」と読んで、〝トイレ〟を指す古いことば。これまた素直に読めば「せつ・いん」ですが、「い」が直前の「つ」の影響を受けて「ち」に変化しています。

⑦「太夫」は、本来ならば「たい・ふ」と読むことば。ただ、昔の遊廓で〝最も地位の高い遊女〟を指す場合には、「たゆう」と読みます。「い」と「ふ」が結び付いて「いふ」となり、それが「いふ→いう→ゆう」と変化したものでしょう。

また、二字熟語の頭の漢字で、音読みの末尾が小さい「っ」に変化する現象もあります。本来は「がく・こう」と読むはずの「学校」が「がっこう」になるとか、「にち・ちょく」となるはずの「日直」を「にっちょく」と読むといった類《たぐ》いです。私たちにとってはごく自然なことですが、これまた時には少し複雑な結果をもたらすことがあります。

⑧この部屋では飲み食いはご**法度**だ。

⑨お寺に新しく五重の塔を**建立**する。

⑩自分の考えに**固執**してはいけない。

⑧「法度」は、〝規則で禁止する〟ことで、「はっと」と読みます。「法（ほう）」の音読みは、旧仮名遣いでは「はふ」。この「ふ」が小さい「っ」に変化したのが、「法度」の「法（はっ）」。ちなみに、「度」を「と」と読むのも漢音。「ど」は呉音です。

⑨「建立」の読み方は、「こんりゅう」。呉音読みです。でも、「立」は、漢音でも呉音でも、本来は「りゅう」と読む漢字。ただ、旧仮名遣いでは「りふ」。そこで、「立食《りっしょく》」のように二字熟語の頭では「りっ」に変化することが多く、それが定着してしまって、「起立《きりつ》」のようにおしりでも「りつ」と読まれるようになったのです。ところが、「建立」では、例外的に本来の「りゅう」が生き残っているという次第。正しいはずの読み方が少数派になってしまったという、ちょっとかわいそうな例です。

⑩「固執」は、「こしつ」も「こしゅう」も正解。「執」の正しいはずの読み方は「しゅう」なのですが、「立」と同じような事情で「しふ→しつ」の変化が生じました。ただ、「立（りつ）」ほどには定着していないので、どちらで読んでもよい状態なのです。

ここで取り上げた読み方は、基本となる音読みからは変化しているため、難しく感じられがちです。ただ、その変化にもある程度の理屈があるのが、おもしろいところ。一見でたらめに見えても実は秩序が隠れているのが、ことばの世界というものなのです。

さて、音読みはこれくらいにして、そろそろ訓読みの話へと移りましょう。

7 やさしい漢字の難しい訓読み

第Ⅰ章でお話ししたように、訓読みとは、漢字が中国語として持っている意味を日本語で表現したもの。つまり、一種の〝翻訳読み〟です。翻訳では、意味さえ間違っていなければ、どんなことばを使ってもかまいません。同様に、訓読みにも実はさまざまな可能性があります。辞書を見ると、日常的によく使う漢字にもなじみのない訓読みがあることがわかります。ここでは、そんな例を取り上げてみましょう。

①ボタンが外れてシャツの前が**開ける**。
②選手交代のアナウンスに、スタンドが**響めく**。
③山小屋風に**設えた**、お気に入りの書斎。
④**厳つい**外見からは予想できない、優しい性格。

①「開ける」は、「はだける」と読みます。「開」はふつう「ひらく」と訓読みされ、そ

れが一般的な意味を表しているわけですが、〝シャツや着物などの前の合わせ目が開く〟場合には、日本語では「はだける」ということばで表現できます。そこで、「開」を「はだける」と訓読みすることもできるわけです。

②「響めく」は、「どよめく」。「どよめく」とは〝低い音が広い範囲に響き渡る〟ことですから、「響」の訓読みとして使ってもおかしくありません。

③「設えた」は、「しつらえた」。「設」は、「建設」「設置」など、〝建物や機材などをある場所に造る〟ことを表し、ふつうは「もうける」と訓読みします。一方、「しつらえる」とは、〝家具や建物などをある場所に取り付ける〟という意味。この二つは重なり合う部分が大きいので、「設」を「しつらえる」と訓読みすることも可能なのです。

④「厳つい」の読み方は、「いかつい」。「厳」は、ふつうは「きびしい」と訓読みします。一方、「いかつい」とは、〝きびしそうだ〟ということ。そこで、「厳」を「いかつい」と訓読みしたってOKということになるのです。

これらの訓読みはあまりなじみがないかもしれませんが、その漢字の意味を考え、送りがなを参考にしながら文脈に当てはまる日本語を探せば、読むことができるでしょう。しかし、中には、ふつうに知られている意味が訓読みとは結び付きにくい漢字もあります。

⑤ 理事会の意見は、**動もすれば**反対に偏りがちだ。
⑥ 会場は、**宛ら**お祭りのような雰囲気と化した。
⑦ 晴れていても大変なのに、**況して**雨ならなお大変だ。

⑤「動もすれば」は、「ややもすれば」と読み、〝ある結果になりやすい〟ことを示すことば。昔の中国語の文章では、そういう場合に「動」という漢字を使いました。事態がある結果の方へ〝動く〟というイメージなのでしょう。そこで、日本語では「動」を「ややもすれば」と訓読みすることがあるわけです。

⑥の「宛ら」は、「さながら」と読んで、〝まるで○○のようだ〟という意味を表します。「宛」は、昔の中国語ではそういう意味で使うことがあったのです。

⑦「況して」は、「まして」と読み、〝すでに述べた状態ではそうだから、これから述べる状態ならばなおさらそうだ〟という場合に使うことば。これまた、「況」の昔の中国語での用法を日本語に置き換えると、この訓読みになるというわけです。

以上の三つは、ことばそのものがけっこう難しいですよね。でも、送りがなという手がかりがあります。では、送りがながなが付かない場合はどうでしょうか。

⑧ゴールに向かって直走る。
⑨探険隊の殿に付いてジャングルに入る。
⑩ここで君に会うとは、努、想像もしなかった。

⑧「直」は、「ひた」と読み、〝あることばかりをする〟ことを表すことば。「直隠しにする」のようにも使います。対象とするものごとに〝真っ直ぐ〟向き合うイメージです。
⑨「殿」の読み方は「しんがり」で、意味は〝隊列の一番後ろ〟。昔の中国語での「殿」に、この意味があります。
⑩「努」は、「ゆめ」。この場合の「ゆめ」は、〝まったく○○でない〟という意味を表すことば。これは、〝○○しないように努力せよ〟〝けっして○○するな〟というところから転じた国訓です。
以上は、たとえば、runという英単語を、場面に応じて、「走る」「逃げる」「経営する」など、さまざまな日本語に訳すのと似たようなこと。訓読みには、いろいろな可能性があるのです。実際、日本人は昔から、一つ一つの漢字をさまざまな訓読みで読んできました。私たちがふだん使っているのは、そのうちのごく一部にすぎないのです。

8
訓読みには古い日本語が潜んでいる

私たちがふだんから使っていることばの中には、昔は使われていたけれど今ではなじみがなくなってしまった訓読みが、残っていることがあります。そういうことばを漢字で書くと、読み方が難しく感じられるものです。

たとえば、「曲者（くせもの）」。「くせ毛」のように、「くせ」には〝真っ直ぐではない〟という意味があります。そこで、昔は「曲」を「くせ」と訓読みすることがあったのです。ほかにどんな例があるでしょうか？

①子どもたちが**飯事**遊びをしている。
②年を取った男の人が、**濁声**で何かを叫んでいる。
③体を**弓形**にそらせて、ストレッチをする。
④苦労しただけに喜びも**一入**だ。
⑤事のなりゆきを**固唾**を呑んで見守る。
⑥スポーツカーが**疾風**のように走って行く。

①「飯事」は、「ままごと」と読みます。「まま」は、〝ごはん〟を指す古い日本語。これが変化した「おまんま」の形なら、今でも使いますよね。

②「濁声」は、「だみごえ」。古くは、〝声が濁る〟ことを「たむ」と言いました。「だみ」は、その変化したものです。

③「弓形」の読み方は、「ゆみなり」。「なり」は、〝目に見える形〟を指すことば。現在では単独で使うことはあまりありませんが、「身なり」「山なり」のようなことばに残っていて、それぞれ「身形」「山形」と書き表すことができます。

④「一入」は、「ひとしお」と読みます。「しお」とは、染め物をするときに、〝染料に布をひたす回数〟を数えることば。〝布を染料の中に入れる〟ところから、「入」と書かれるようになりました。「ひとしお」とは、もともとは〝染料に布を一回ひたす〟ことで、色が染みるところから〝前よりも程度が増す〟ことを指して使われるようになりました。

⑤「固唾」は、「かたつば」と読みたくなりますが、「かたず」が正解。「ず（づ）」は、本来の形は「つ」で、〝つば〟のことを指す古い日本語です。「かたず」とは、〝気を張り詰めているときに口の中にたまる、唾のかたまり〟を言います。

⑥「疾風」は、「しっぷう」と音読みしてもＯＫですが、ここで答えていただきたいのは

「はやて」という訓読み。「疾走」という熟語があるように、「疾」には〝スピードが速い〟という意味があるので、「はや」と訓読みするのは当然と言えば当然。一方、「て」は〝風〟を指す古い日本語。ほかに〝追い風〟を指す「追風（おいて）」ということばもあります。

以上は、それぞれの訓読みの意味が比較的はっきりしている例。残りの四つは、少し意味があいまいにはなりますが、それでもその漢字の意味との関連は理解できるでしょう。

⑦そよ風が吹いて、湖面に**細波**が立つ。
⑧カステラの底に、**粗目**が形のまま残っている。
⑨猫のお腹の**和毛**をなでる。
⑩正倉院は、**校倉**造りの代表的な建築物だ。

⑦「細波」は、「さざなみ」と読みます。「さざ」だけでは意味がはっきりしませんが、〝小さいカニ〟のことをいう「細蟹（ささがに）」とか、〝粒の小さい栗〟を指す「小栗（ささぐり）」ということばがあるので、「ささ／さざ」には、ほかのことばの前に付いて〝細かい〟〝小さい〟という意味を表すはたらきがあるのでしょう。とすれば、「細波」と書いて「さざなみ」と読むのは、りっぱな訓読みです。

⑧「粗目」は、「ざらめ」。「粗目糖」の略で、〝粒が大きく、見た目が粗い砂糖〟のこと。「ざら」は、「ざらざら」と同じ。〝粗い〟ということは〝ざらざらしている〟わけですから、「粗」を「ざら」と訓読みすることができるわけです。

⑨「和毛」は、「にこげ」と読んで、〝動物の体に生える柔らかい毛〟のこと。「にこ」は、「にっこり」と関係が深く、〝やわらいだようす〟を指すことば。一方、「和」には「やわらぐ」という訓読みがあります。そこで、「和」を「にこ」と訓読みしているわけです。

⑩「校倉」の読み方は、「あぜくら」。〝断面が三角形をしている木材を、「井」の字型に組み合わせて造った建物〟を指します。この「あぜ」については、〝組み合わせる〟という意味があるのだろうと言われています。一方、「校」という漢字は、「木へん」と「交」から成り立っているように、本来、〝木材を交差させる〟という意味を持っています。そこから、「校」を「あぜ」と訓読みするようになったのでしょう。

以上に挙げたことばは、ひらがなで書くとけっして難しくはありませんが、漢字で書くとちょっと特殊な訓読みになります。しかし、それはけっしていい加減な読み方ではなく、対応する一つ一つの漢字の意味を日本語で表した、れっきとした訓読みなのです。

9 訓読みもさまざまに変化する

第I章で見たように、漢字の熟語では、単独の漢字としての音読みから変化した音読みが使われることがあります（85ページ）。訓読みでも同様に、「雨粒（あまつぶ）」で「あめ」が「あま」に変わるような例があります。

ここでは、日常的によく見かける漢字の読み方が変化したために、難読だと感じられるものを取り上げてみましょう。

①鶏小屋で**雌鳥**が卵を産む。
②落ちたガラスが**木端**微塵に砕け散る。
③初戦に快勝して、**幸先**のいいスタートを切る。
④**畳紙**に包んで、着物をしまう。

最初の四つは、ある音が別の音に置き換わっているもの。専門的には〝音便《おんびん》〟と呼ばれている音の変化の例です。

①「雌鳥」は、「めんどり」。「雌」の訓読み「めす」が「めん」になっています。このように「ん」に置き換わるものは、〝撥《はつ》音便〟と呼ばれています。

②「木端」の読み方は、「こっぱ」。「木の葉」「木立」などで使う「木」の訓読み「こ」が、「こっ」へと変わっています。このように発音が「っ」に変化するものは〝促《そく》音便〟と名づけられています。

③「幸先」は、「さいさき」。〝いいことが起こりそうな前触れ〟を指すことばです。ここでは、「幸」を「さち」ではなく「さい」と読んでいます。このような「い」への音の置き換えを、〝イ音便〟と言います。

④「畳紙」は、〝厚手の和紙の一種〟で、読み方は「たとうがみ」。「畳」の訓読みが「たたむ→たたう（tatau）→たとう（tatou）」と変化しています。ここでは「う」への置き換え、いわゆる〝ウ音便〟が生じたあと、連続する二つの母音auがouへと変化しています。

次の三つは、音読みのときにも出てきた、読み方の一部が省略される例です。

⑤和室の窓際に**文机**を置く。
⑥新装開店のセレモニーで**薬玉**を割る。
⑦あの人は**怖面**だが、根は優しい。

⑤「文机」は、「ふみづくえ」ではなくて「ふづくえ」。「ふみ」の「み」が消えています。〝本を読んだり書き物をしたりするための机〟のことです。

なお、同じように読み方から終わりの「み」が消えている例としては、ほかに〝書類を入れる箱〟を指す「文箱（ふばこ）」や、〝弓の弦〟をいう「弓弦（ゆづる）」、〝魚を捕まえるための網のような仕掛け〟を意味する「網代（あじろ）」などがあります。

⑥「薬玉」も、「くすりだま」と読みたくなりますが、こちらも「り」がなくなって「くすだま」。〝お祝いの席で割る球状の飾り付け〟のことですが、元は〝香料を入れた邪気払いの飾り〟だったので、〝香料〟の意味合いから「薬」という漢字が使われています。

ちなみに、終わりの「り」が消える例としては、〝鳥小屋〟をいう「鳥屋（とや）」、懐石料理で使う〝お盆の一種〟を指す「折敷（おしき）」もあります。

⑦「怖面」の読み方は、「こわもて」。「面」の訓読み「おもて」の最初の「お」がなくなってしまっています。

⑧本殿にお参りする前に手水を使う。

⑨冬になっても常磐木の緑は衰えない。

⑩月が弥生に入って、日に日に暖かくなる。

最後の三つは、二つの漢字の訓読みが結び付いて変化している例です。

⑧「手水」は「ちょうず」と読み、神社などで〝手をきれいに洗うための水〟のこと。「てみず→てうず→ちょうず」と変わっていったものでしょう。大工道具の「手斧（ちょうな）」も、「ておの→てうな→ちょうな」と変化しています。

⑨「常磐木」の読み方は「ときわぎ」で、〝常緑樹〟のこと。「常」には、「常夏（とこなつ）」のように「とこ」という訓読みがあります。また、「磐」は〝大きな岩〟を指す漢字で、訓読みは「いわ」。そこで「とこいわ→ときわ」と読み方が変化しているわけです。

⑩「弥生」は、「やよい」と読み、〝三月〟の古い呼び方。「弥」は「や」と訓読みして、〝ますます〟という意味を表す古いことば。「生」には、「生い立ち」のように「おう（おい）」という訓読みがあります。そこで、本来は「やおい」だったところが、「や」に影響されて「おい」が「よい」へと変化して、「やよい」となっているわけです。

音読みでもそうでしたが、訓読みの変化もいくつかのタイプに分けられます。ことばの発音の変化には、それなりの秩序があるのです。難読漢字を細かく見ていくことは、ことばの発音について深く理解する手がかりとなるのです。

10

音読みと訓読みを混ぜて読む

音読みは元をたどれば中国語で、訓読みは元からの日本語ですから、この二つをごちゃ混ぜにして使うと、ことばのチャンポンになってしまいます。しかし、実際にはそういう例は多く、「台所（だいどころ）」は、一文字目が音読みなのに二文字目は訓読み、「相棒（あいぼう）」はその逆になっています。

こういった読み方は慣れてしまえばなんでもありませんが、中には漢字と読み方とが結び付きにくく、難読だと感じられるものもあります。

①この薬は、肩こり、**頭重**感などに効果がある。
②今年の稲は**作柄**がよい。
③彼はとても**権高**な態度で、部下をこき使う。
④いい予想ばかりを並べ立てた、**総花**的な提案。

最初の四つは、一文字目を音読みで、二文字目を訓読みで読む例です。

①「頭重」は、「ずおも」。文字通り〝頭が重い〟と感じることです。「頭」の呉音「ず」は、「頭《ず》が高い」のようにそれだけで一つの単語にもなりますから、訓読みと結び付きやすいのでしょう。

②「作柄」の読み方は、「さくがら」。農作物などの〝出来具合〟を指すことばです。「柄」は音読みすれば「へい」ですが、この音読みはめったに使われることがありません。

③「権高」は、「けんだか」と読み、〝おごり高ぶっているようす〟を表します。「権」には、定着している訓読みはありません。

④「総花」は、「そうばな」。意味は、〝関係者全員に利益を与えるような〟。「総《そう》当たり」「総《そう》入れ歯」など、「総（そう）」は訓読みのことばとよく結び付きます。

こういった読み方は、〝重箱《じゅうばこ》読み〟と呼ばれています。「重（じゅう）」は音読み、「箱（はこ〈ばこ〉）」は訓読みだからです。

逆に、一文字目を訓読みで、二文字目を音読みで読む読み方を、〝湯桶《ゆとう》読み〟と言います。「湯桶」とは、おそば屋さんでそば湯を入れて出してくれるような、〝お湯を入れる器〟のこと。「湯（ゆ）」は訓読み、「桶（とう）」は音読みとなっています。次の四つは、湯桶読みの例です。

⑤あいつは得体の知れない人物だ。
⑥古ぼけた木賃宿に泊まる。
⑦彼女の行動には何の底意もない。
⑧今年は御節料理の予約が好調だ。

⑤「得体」は、「えたい」と読みます。「得」の一般的な訓読みは、「える」。その「え」と、「体」の音読み「たい」が組み合わさっています。

⑥「木賃」は、「きちん」と読み、〝たきぎの代金〟のこと。「木賃宿《やど》」とは、たきぎ代程度しか料金を取らない宿というところから、〝簡素な安宿〟を指して使われます。

⑦「底意」の読み方は「そこい」で、〝本心〟〝下心《したごころ》〟といった意味。「ていい」と音読みすることもないわけではありませんが、それを載せていない辞書もたくさんあります。

⑧「御節」は、「おせち」。「お」は、「御」の訓読みで、音読みするなら「ぎょ」「ご」。一方、「せち」は、「節」の呉音です。「御節料理」とは、もともとは暦の上での〝節目〟に作る特別な料理。転じて、一年で最も重要な〝節目〟であるお正月用に作る料理を呼ぶようになりました。

最後に、重箱読み・湯桶読みでも音読みでも読むことができる、ちょっと変わった熟語を取り上げておきましょう。どちらで読むかで、意味が変わってしまいます。

⑨　取引先の接待で、**気骨**が折れる。
⑩　このお店の**名代**のお団子をいただく。

⑨「気骨」は、この文脈では「きぼね」と重箱読みします。「気骨が折れる」で、〝気苦労が多い〟ことを表す慣用句。「きこつ」と音読みすると、「あの人は気骨がある人だ」のように、〝強い意志の力〟という意味となります。

⑩「名代」は、ここでは湯桶読みして「なだい」。〝評判が高い〟ことを表します。単純に音読みすると「みょうだい」となり、〝代理人〟という意味となります。

このように、重箱読み・湯桶読みは、身近な熟語に意外とたくさん見られます。それらのことばでは、音読みはもともとは中国語だという意識が薄れているから、訓読みと結びつけても違和感がないのだ、と考えられます。日本人は、中国語を書き表すために作られた漢字を、長い年月をかけて日本語の中に取り込んできました。重箱読み・湯桶読みで読むことばは、その努力の一つの現れだと言えるでしょう。

11 森鷗外の多彩なる訓読み

この章の最後として、昔の人々は実際にどのように訓読みを用いていたのか、その具体例を見てみることにしましょう。

取り上げるのは、明治の文豪、森鷗外の長編小説『雁』（一九一一～一三年）の最初の数章。現在ではあまり用いられなくなったさまざまな訓読みが、使われています。

①僕は人附合《ひとづきあ》いの余り好くない**性**であった

②岡田と少し心安くなったのは、古本屋が**媒**をしたのである。

③その頃から無縁坂の南側は岩崎の**邸**であった

④額から頰に掛けて少し**扁たい**ような感じをさせる

⑤待たせて置いて、**徐かに**脂粉の粧《よそおい》を凝《こら》す

⑥どうも逃げ**果せる**ことは出来まい

①「性」は、ここでは「たち」と読みます。日本語「たち」の〝性格〟〝性質〟といった意味を、漢字一文字で表しています。

②「媒」は「なかだち」と読み、〝間を取り持つもの〟という意味。「媒」は、音読みでは結婚の「媒酌人《ばいしゃくにん》」のように使いますよね。

③「邸」は、「やしき」。なるほど、「邸宅」とは〝お屋敷〟のことです。

ここまでの三つの訓読みは、現在でも時にお目にかかることがあります。

④「扁たい」の読み方は、「ひらたい」。「扁平《へんぺい》」という音読み熟語があるように、「扁」は〝ひらべったい〟ことを表す漢字です。

⑤「徐かに」は、「しずかに」。「徐」は「徐行」のように使われる〝ゆっくりしている〟という意味の漢字。〝ゆっくりして〟いれば、ふつうは「しずか」であるものですよね。

⑥「果せる」については、鷗外は「おおせる」と読ませています。「逃げおおせる」とは、〝最後まで逃げ切る〟という意味。「使い果たす」のように「果」を「はたす」と訓読みすると、〝最後までやり切る〟という意味を表すことができますから、「果」を「おおせる」と読むことも可能。とはいえ、現在ではめったに見ることのできない訓読みでしょう。

以上は、漢字一文字を訓読みしている例。残りは、漢字二文字の例です。

⑦昼間は格子窓の内に大勢の娘が集まって為事をしていた。
⑧その時微白い女の顔がさっと赤く染まって、
⑨そのうちにこの裏店に革命的変動が起った。
⑩その外は手職をする男なんぞの住《すま》いであった。

⑦「為事」は、「しごと」と読みます。「為」は、昔の中国語では〝○○する〟という意味で使われます。その「する」の活用形の一つが「し」。つまり、「為」を「し」と読むのは訓読みだということになります。
⑧「微白い」を、鷗外は「ほのじろい」と読ませています。「ほの」は、「ほのかに」「ほのめかす」などの「ほの」で、〝ちょっとだけ〟〝なんとなく〟という意味。そこで、「かすか」と訓読みすることがある「微」を「ほの」と読むこともできるわけです。
⑨「裏店」は、「うらだな」。ちょっと古い日本語では「たな」で(a)〝商品を売る場所〟や(b)〝貸家〟を表しました。「店」を「たな」と訓読みするのは、(a)に基づきます。しかし、「うらだな」とは〝裏通りにある貸家〟のことで、この場合の「たな（だな）」は(b)の方。(b)の意味は中国語としての「店」にはないので、国訓だということになります。
⑩「手職」は、湯桶読みの例。「てしょく」と読み、〝手先を使ってする仕事〟のこと。

「て」は「手」の訓読み、「しょく」は「職」の音読みです。

このように見てくると、鷗外は実にさまざまな訓読みを使いこなしていたことがわかります。鷗外の頭の中には、あらかじめこういった数多くの訓読みがインプットされていたのでしょう。ただ、その自由な使いぶりを見ていると、頭の中にあるのは漢字の意味で、それをその場に合うように訓読みに翻訳して使っていたのではないか、とも思われます。

現代に生きる私たちは、音読みの熟語や訓読みといった〝ことば〟の形で漢字を頭の中に蓄えています。しかし、鷗外に限らず明治の文章を読んでいると、当時の人々は漢字の〝意味〟そのものを脳みその中に刻み込んでいたのではないか、と感じられます。現代人と明治人とでは、漢字への向き合い方そのものが違うのです。

さて、音読みと訓読みについて、基本的な説明はすべて終わりました。漢字のオーソドックスな読み方に関するお話は、これくらいで十分でしょう。ただ、難読漢字ということになると、そうは問屋が卸しません。

そこで、章を改めて、音読みや訓読みを超越した漢字の使い方、いわゆる〝当て字〟についてお話をすることにいたしましょう。

第III章

当て字について考える

〝当て字〟というと、なにか間違った漢字の使い方のようにも思われます。しかし、漢字を使って日本語を書き表すという世界では、当て字はとても重要な位置を占めています。

この章では、当て字とはどういうもので、どんな種類があり、どのようにして生まれて来るのかについて、考えてみましょう。

1

音訓を使って外来語を書き表す

〝当て字〟とは、どのようなものを言うのでしょうか？

それは、答えるのが少々難しい問題です。ただ、「倶楽部（クラブ）」や「珈琲（コーヒー）」のように、外来語を漢字で書き表したものが当て字であることについては、さして異論はないでしょう。ここでは、当て字について考える手始めとして、まずは外来語を表す漢字を取り上げてみましょう。

①犯人は青酸**加里**を飲んで、自殺を図った。
②マッサージをして**淋巴**のめぐりをよくする。
③さつまいもを**天麩羅**にして食べる。
④パーティーの引き出物として**金平糖**を贈る。
⑤通信販売の**型録**を見る。
⑥この壁は**混凝土**で作られている。

①「加里」は、「カリ」と読みます。元素の「カリウム」の略ですよね。「加（か）」も「里（り）」も音読みです。

②「淋巴」は、「リンパ」。〝老廃物などを体外へ送り出す働きをする体液〟のことです。「淋」は、訓読みすれば「さみしい」ですが、音読みは「りん」。「巴」は、訓読みは「ともえ」ですが、音読みは「は（ぱ）」です。

③「天麩羅」は、「テンプラ」と読む、ポルトガル語やスペイン語からの外来語。「天婦羅」と書くこともあります。「麩」は「ふ」と音読みする漢字。食べ物の〝ふ〟のことです。

④「金平糖」は「コンペイトー」と読みますが、実はポルトガル語からの外来語。「金」を「こん」と読むのは呉音で、「金色《こんじき》」「黄金《おうごん》」などで使われています。

以上の四つは、音読みをつなげていけば、その外来語の読み方になります。それに対して⑤と⑥は、訓読みを含む例です。

⑤「型録」は、「カタログ」。「型（かた）」は訓読み。「録」の音読み「ろく」を、ここではいかにも当て字的に「ろぐ」と読ませています。

⑥「混凝土」は、「コンクリート」と読みます。「凝」を訓読みで読んでいますが、ふつうは「こり（こる）」と読むのを「クリ」に当てているのは、ちょっと強引ですよね！強引ということでいけば、次のような例もあります。

⑦霧の港に瓦斯灯がつく。
⑧弾力のある護謨のような物質。
⑨焼酎にレモンを搾って曹達水で割る。
⑩古代のエジプトでは、木乃伊が盛んに作られた。

⑦「瓦斯」は「ガス」。語源はオランダ語「ガス（gas）」。「瓦」の音読みは「が」ですが、「斯」の音読みはふつうは「し」で、「す」にはなりません。
⑧「護謨」は「ゴム」。オランダ語「ゴム（gom）」に由来しています。これまた、「護（ご）」は音読みですが、「謨」は漢音では「ぼ」、呉音では「も」で、「む」にはなりません。
⑨「曹達」の読み方は「ソーダ」で、オランダ語「ソーダ（soda）」からの外来語。音読みでふつうに読めば「そうたつ」ですよね。
この三つに見られる、「斯（す）」「謨（む）」「達（だ）」は、現代中国語の発音に基づく読み方かと思われます。これらの外来語の当て字は、中国で作られたか、中国語の影響を受けつつ日本で生まれたものなのでしょう。
⑩「木乃伊」は、「ミイラ」と読みます。オランダ語「ムミイ（mummie）」の発音に

一四世紀ごろの中国で当て字をしたものですが、「ミイラ」という日本語そのものは、ポルトガル語からの外来語。つまり、オランダ語起源の中国語と、ポルトガル語由来の日本語が結び付いて、「木乃伊」と書いて「ミイラ」と読むことになったという、なかなか奥の深い外来語です。

ここで挙げた十個のことばでは、本来は漢字では書き表されないことばの読み方を、中国語の発音であれ日本語の音訓であれ、漢字の読み方を利用して書き表しています。最初に触れた「倶楽部」「珈琲」も、同じ理屈。ただその際、漢字の意味の方はあまり重視されていませんせん。「麩」という漢字が使ってあるからといって、「天麩羅」は〝ふ〟と深い関係があるわけではありませんし、「瓦斯」だって〝瓦〟から発生するはずもないのです。

漢字は〝表意文字〟と言って、読み方を表すだけではなく意味をも表す働きを持っています。つまり、漢字にとって読み方と意味はセットなのです。ところが、これらのことばでは、そのセットを切り離し、〝読み方〟だけを取り出して漢字を使っています。こういうものを、本書では〝読み当て字〟と呼ぶことにしましょう。

となると、当て字の中には、読み方と意味のセットから〝意味〟だけを取り出して使う〝意味当て字〟もありそうです。次に、そのあたりを見てみましょう。

2

外来語の意味を漢字に翻訳する

「煙草」は「タバコ」と読みますが、「煙」に「た」とか「たば」、「草」に「ばこ」とか「こ」という読み方があるわけではありません。タバコは〝煙を吸って楽しむ草〟だよということで、「煙草」と書き表しているのです。

このように、外来語の漢字には、そのことばが指す内容を漢字の意味を用いて表現しているものがあります。それらには、漢字の読み方にはあまり重点が置かれないという特徴があります。

①ピザ生地に**乾酪**をたっぷりと載せる。

②このワインは**酒精**の度数が高い。

③音楽室から**風琴**の音が聞こえてくる。

④井戸から**喞筒**で水を汲み上げる。

⑤高級感が漂う、**天鵞絨**のカーテン。

①「乾酪」は、「かんらく」と音読みしてもいいのですが、当て字としては「チーズ」と読みます。チーズは〝水気の少ない乳製品〟ですから、昔の中国人は〝乳製品〟を表す「酪」という漢字を使って、「乾酪」と翻訳したのです。中国人はそれを中国語の発音で読むわけですが、日本人はダイレクトに「チーズ」と読んでいるわけです。

②「酒精」も、「しゅせい」と音読みすることもできますが、今は当て字のお話をしているので、「アルコール」と読んでいただきたいところ。ここでの「精」は、〝最も大切な部分〟。アルコールは〝お酒の主成分〟だから「酒精」。そうやって作り出された中国語を、日本語ではその意味内容をくみ取って、「アルコール」と読んでいるのです。

以下の三つも同様で、外国語の翻訳語として使われる中国語を、日本語の外来語の読み方で読んだものです。

③「風琴」は、音読み「ふうきん」も可能ですが、当て字としては「オルガン」です。「風琴」とは、もともとは中国で使われていたある種の弦楽器。中国語では、それを借りてきてオルガンを表すことにしたのです。

④「喞筒」は、「ポンプ」。「喞」は、〝水を吸い上げて噴き出させる〟という意味。ポンプと同じような道具は中国には昔からあり、「喞筒」という名前だったのです。音読みすれば「そくとう」または「しょくとう」ですが、現在ではこの読み方はまず使われません。

⑤「天鵞絨」は、「ビロード」。今で言うベルベット。「天鵞」とは、鳥のオオハクチョウのこと。「絨」は、「絨毯（じゅうたん）」という熟語があるように、〝やわらかい毛で作った織物〟を指します。中国人はビロードを、〝オオハクチョウのやわらかい毛で作った織物〟にたとえて、「天鵞絨」と翻訳したのです。

これらの場合、熟語が指し示す意味内容に相当する外来語が、読み方として採用されています。逆に言えば、「乾」に「チー」、「酪」に「ズ」という読み方があるというようなことではなく、一つ一つの漢字の読み方は無視されているわけです。先ほど取り上げた〝読み当て字〟とは対照的な、〝意味当て字〟とでも呼ぶべきものなのです。

ここまでに取り上げたのは、元は外国語の翻訳語として使われる中国語です。しかし、外来語を書き表す漢字の中には、中国語とは関係がないものもあります。

⑥シルクハットをかぶり、洋杖を手にしたコメディアン。
⑦火を着けたいが、燐寸がない。
⑧木の椅子に仮漆を塗って乾かす。
⑨故障した船が修理のため、船渠に入る。
⑩亡くなった方のために鎮魂歌を奏でる。

⑥「洋杖」は、「ステッキ」。〝西洋人が使っている杖〟という意味合いです。

⑦「燐寸」は「マッチ」と読み、〝頭の部分をこすると燃え出す、小さな木の棒〟。その頭の部分に使われている薬品を表す漢字が「燐」で、音読みでは「りん」と読みます。「寸」は、昔の長さの単位で、一寸は約三センチ。ここでは、〝短いもの〟を指して用いられたものでしょう。

⑧「仮漆」の読み方は、「ニス」。黒光りする〝漆《うるし》〟ほどではないけれど、同じようにつや出しに使う塗料ということで、「仮」を付けたものと思われます。

⑨「船渠」は「ドック」と読み、〝製造や修理のため、船を浮かべておけるようにした設備〟。「渠」は、音読みでは「きょ」と読む〝人工の水路〟を表す漢字ですから、〝船を浮かべるための水路〟ということなのでしょう。

⑩「鎮魂歌」は、「ちんこんか」と音読みしてももちろんいいのですが、当て字としては「レクイエム」と読まれます。〝死者の魂を鎮めるためにうたう歌〟のことです。

この五つは、中国語ではふつうは使われない、日本で独自に作り出された熟語です。日本人は、音読みと訓読みを駆使しながら漢字を使いこなしてきたわけですが、外来語を表すこれらの〝意味当て字〟は、音訓を超えた漢字の使い方だと言えるでしょう。

3 夏目漱石に見る外来語の書き表し方

外来語は、現在ではカタカナで書き表されるのが原則で、漢字を使うことはそう多くはありません。しかし、明治や大正のころには、外来語を書き表す漢字が、今よりもはるかに多く用いられていました。

ここでは、かの文豪、夏目漱石の長編小説『三四郎』（一九〇八年）の前半部分から、ちょっと気になる外来語漢字をご紹介いたしましょう。

①駅夫が（中略）灯の点《つ》いた**洋燈**を挿し込んで行く。

②**隠袋**から半分封筒が食《は》み出している。

③先生が**号鐘**が鳴って十五分立っても出て来ないので

④透明な空気の**画布**の中に暗く描かれた女の影

⑤提灯を点けた男が**鉄軌**の上を伝ってこっちへ来る。

⑥縮《ちぢみ》の**襯衣**の上へ背広を着ている

⑦試験のため、即ち**麺麭**のために、（中略）この書を読む。

①「洋燈」は、「ランプ」と読みます。〝西洋人が使う燈火〟といった意味合いです。外来語を漢字で書き表すのに「洋」を使うのは定番で、『三四郎』ではほかにも「洋机（テーブル）」「洋筆（ペン）」「洋盃（コップ）」などの例があります。

②「隠袋」は、漱石の文章に付いている振りがなは「ぽっけっと」ですが、一般的には「ポケット」でいいでしょう。昔は、ポケットのことを「隠し」と言いました。

③「号鐘」は、シンプルに「ベル」。「号」には、「スタートの号砲を鳴らす」のように、〝合図をする〟という意味があります。〝ベル〟とは、〝合図として鳴らす鐘〟ですよね。

④「画布」は、「カンバス」。〝その上に絵画を描く布〟です。

⑤「鉄軌」の読み方は、「レール」。「軌」は、本来は〝車輪が移動したあとに出来るくぼみ〟のこと。転じて、〝ものが移動するコース〟を指します。

次の二つでは、少し難しめの漢字が使われています。

⑥「襯衣」は、「シャツ」。「襯」は、〝肌に直接、触れる衣服〟を言う漢字。広く〝上着の内側に着る衣服〟という意味合いで「襯衣」と書くのでしょう。

⑦「麺麭」は、「パン」。「麺」はいわゆる〝めん〟ですが、もともとは、広く〝麦の粉で造った食べ物〟を指していました。一方、「麭」は、〝麦の粉を練ってふかした食べ物〟です。

以上の七つは、すべて〝意味当て字〟です。実は、外来語を書き表す漢字というとこのタイプが多く、もう一つの〝読み当て字〟は少数派です。その例を『三四郎』の前半部分から探すと、次のようなものが見つかりました。

⑧歓声がある。笑語がある。泡立つ**三鞭**の 盃《さかずき》がある。
⑨図書館で**浪漫的**アイロニーと云う句を調べてみたら、
⑩箒《ほうき》とハタキと、それから**馬尻**と雑巾まで借りて

⑧「三鞭」は、「シャンパン」。あるいは「シャンペン」と読んだ方が、音読み「さんべん」には近くなります。お酒の一種ですから、「三」「鞭」とは意味の関係はありません。
⑨「浪漫的」は、「ロマンチック」。音読みしても「ろうまんてき」で発音がかなり似ているので、〝読み当て字〟だと考えていいでしょう。
⑩「馬尻」は、「バケツ」。水を汲んで運ぶのに使うあの道具ですが、「馬」の音読み「ば」に、「尻」を「けつ」と訓読みして組み合わせているのが、秀逸。実は、漱石は漢字の使い方についてはけっこうルーズで、時にこういう人を食ったような当て字をすることがあります。「馬尻」は、その中でも傑作として有名です。

4　インドからやってきた当て字

外来語というと、ヨーロッパに由来することばをイメージしがちです。しかし、中国には古くから、梵語《ぼんご》（サンスクリット）やパーリ語といった、古代インドの言語に由来することばがまとまって伝わっていました。

それらは漢字で書き表されて、やがて日本語にも入り込んで行きます。ここでは、それらを集めて眺めてみることにしましょう。

①**袈裟**を着たお坊さんが、お経を唱えている。
②事故で亡くなった方々の**菩提**を弔う。
③ご遺体は今日の午後、**荼毘**に付される予定だ。
④三回忌の法要に際して**卒塔婆**を立てる。

①「袈裟」は、「けさ」と読み、〝仏教の僧が着る、肩から掛ける上着〟。〝濁った色〟を意味する梵語「カシャーヤ」に対して、中国で作られた〝読み当て字〟です。

②「菩提」の読み方は「ぼだい」。語源は梵語「ボーディ」で、〝悟り〟という意味。転じて、〝死後の幸せ〟を表すことばとして使われています。

③「荼毘」は、「だび」。〝火葬〟を意味する「ジャーペーティ」というパーリ語があり、その〝読み当て字〟から生まれた熟語だと考えられています。「荼毘に付す」で、〝火葬にする〟ことを表す慣用句として使います。

④「卒塔婆」は、「そとうば」あるいは「そとば」。梵語で〝遺体や遺品を収める建物〟を指す「ストゥーパ」に由来します。現在の日本語では、〝供養のためにお墓の背後に立てる、細長い木の板〟を指して使われています。

以上は、いかにも仏教的な、言ってしまえば抹香臭《まっこうくさ》い用語ですが、古代インドのことばに由来する熟語の中には、もっと日常的なものもあります。

⑤あの店の若**檀那**は、なかなかのやり手だ。
⑥手紙を開いたその**刹那**に、合格か不合格かが分かる。
⑦いくつもの**修羅**場をくぐり抜けてきた、大ベテラン。
⑧よく晴れ渡った**瑠璃**色の空。

⑤「檀那」は、「だんな」。「旦那」と書いても同じこと。語源は、〝施す〟ことを言う梵語「ダーナ」。〝施しをする人〟というところから転じて、現在の日本語では〝商店などの主人〟を指して使われています。

⑥「刹那」は、「せつな」。〝とても短い時間〟を指す梵語「クシャナ」に対して、中国で作られた〝読み当て字〟です。〝一瞬〟〝瞬間〟という意味で使われます。

⑦「修羅」の読み方は、「しゅら」。語源となった梵語「アスラ」は、〝悪い神様〟のこと。その当て字「阿修羅」の「阿」が省略されたのが「修羅」。「修羅場」とは、〝激しい争いがくり広げられている場所〟を言います。

⑧「瑠璃」は、「るり」と読み、濃い藍色をした宝石〝ラピスラズリ〟のこと。この宝石を指す梵語「バイドゥーリヤ」に対する当て字「吠瑠璃《べいるり》」の「吠」が省略されたものです。

以上のように、古代インドのことばに由来する漢字の熟語は、基本的に、中国で作られた〝読み当て字〟です。とはいえ、〝意味当て字〟に当たるものがないわけではありません。

⑨幸福の絶頂から、**奈落**の底に突き落とされる。

⑩**般若**の面のごとき形相で激怒する。

⑨「奈落」の読み方は、「ならく」。〃地下にある世界〃を指す梵語「ナラカ」に対する〃読み当て字〃です。ただし、その一方でこの意味を翻訳して作られたことばとして、「地獄」があります。

⑩「般若」は、「はんにゃ」と読みます。由来は、パーリ語で〃真実を認識するための頭の働き〃を意味する「パンニャ」。『般若心経』の「般若」は、この意味。一方、怖ろしい表情と化した女性の顔を描いた能面、「般若の面」は、「般若坊」というお坊さんが最初に作ったので、この名があるそうです。同じパーリ語「パンニャ」からは、翻訳語として「智慧《ちえ》（知恵）」が生み出されています。

これらの場合、「地獄」と書いて「ならく」と読んだり、「知恵」と書いて「はんにゃ」と読んだりすれば、〃意味当て字〃になるわけです。ただ、中国では漢字の発音は決まっていて、「地獄」や「知恵」を古代インド語に近い発音で読むことはありません。〃意味当て字〃とは、日本語独特の漢字の使い方なのです。

それはともかく、「檀那」や「修羅場」、そして「地獄」のような日常的なことばも、元をたどれば古代インドで生まれた仏教の用語に行き着くわけです。仏教が日本の文化にいかに深く根ざしているかが、よくわかりますよね。

5 ありふれた日本語にも当て字はある！

漢字は、もともとは中国語を書き表すために中国で作られた文字です。ということは、厳密に考えれば日本語も漢字にとっては外国語のようなものであり、外来語と同じ理屈で当て字の対象となることがあります。

ここでは、ありふれた日本語の中に見られる、漢字の音訓だけを取り出して使う〝読み当て字〟を取り上げてみましょう。

①公園に、なんだか**変梃**な形をしたオブジェが置かれている。
②おいしいお肉を**鱈腹**食べたい。
③雨の日には、**兎角**気分が落ち込みがちだ。
④優勝するという夢は、**果敢なく**も消えた。
⑤おとぎ話のような、**他愛ない**ラブストーリー。

①「変梃」は、「へんてこ」と読みます。語源ははっきりしませんが、〝てこの原理〟の

あの〝てこ〟との関係はないでしょう。つまり、「梃」という漢字の意味とは関係ないけれど読み方だけを借りてきて、「へんてこ」を書き表しているというわけです。

②「鱈腹」は、「たらふく」。「鱈」は、「たら」と訓読みして魚のタラを表しますが、「たらふく」はもちろん、タラを食べる場合にだけ使うことばではありませんよね。これまた、「鱈」という漢字の読み方だけを用いているのです。

③「兎角」は「とかく」と読み、〝ある状態になりやすい〟ことを言う場合に使われます。「兎」は「うさぎ」と訓読みしますが、この場合の「とかく」は、ウサギとは無関係です。

④「果敢なく」は、「はかなく」と読み、〝実現することなく〟という意味。「果敢」は、「かかん」と音読みして〝思い切って何かをするようす〟を表すことば。「果敢ない」は、読み方が似ているところから使われたものです。

⑤「他愛ない」は、「たわいない」と読んで、〝しっかりした主張や態度がない〟という意味。〝他人を愛さない〟ことではありません。このことばは、「他愛」と当て字されたため、「たあいない」と言われることもあります。

「まえがき」で取り上げた「不貞寝（ふてね）」の「不貞」も、実は同じです。これらのことばは、元からの日本語。意味の上で当てはまる漢字があれば、それを使って書き表すことができるのですが、そんな漢字が見つからないとなると、読み方だけを使って〝読み当て字〟をするしかないのです。

こういう当て字には、〝なんとか漢字を使いたい〟という日本人の情熱が現れているように感じられます。だって、そもそも「へんてこ」や「たらふく」を漢字で書き表さなければならない理由なんて、ないのですから。

その情熱は、漢字三文字を使った〝読み当て字〟をも生み出すことになります。

⑥ **瓦落多**の中からお宝を見つける。
⑦ ふつうの人では考えつかない、**奇天烈**なアイデア。
⑧ 問い合わせに対して、**頓珍漢**な答えしか返って来ない。
⑨ ウソがばれそうになったが、なんとか**誤魔化した**。
⑩ 若造のくせに、なんと**猪口才**な！

⑥「瓦落多」は、「がらくた」。「我楽多」と書くこともあります。
⑦「奇天烈」は、「きてれつ」と読んで、〝とても変わっている〟ことを表します。
⑧「頓珍漢」の読み方は、「とんちんかん」。鍛冶屋さんが金属を打つ時には、二人が交互に打つので「トン」とか「チン」とか「カン」という音が一緒に鳴ることはありません。

そこから、〝行き違いになる〟ことを表すようになりました。

⑨「誤魔化した」は、「ごまかした」。「胡麻化した」と書くこともあります。

⑩「猪口才」は、「ちょこざい」。〝こざかしい〟という意味ですから、語源的には〝ちょこっとした才能〟という意味合いでしょう。

以上の十個は、すべて〝読み当て字〟です。ただ、「変梃」の「変」の方は、〝変わっている〟という意味の上で「へんてこ」と関係があります。「鱈腹」の「腹」も、〝お腹いっぱい〟という点で「たらふく」と関係があります。

そう思って見ると、「瓦落多」だって、〝多量に落ちている〟ものだと考えられそう。ほかにも、「奇天烈」の「奇」「烈」、「誤魔化す」の「誤」「魔」など、意味の上で微妙に関係がある漢字がいろいろ見つかることでしょう。

〝読み当て字〟の中には、このように、意味の上でもなんとなくつながりがある漢字もよく紛れ込んでいるのが、おもしろいところです。日本人は、必要もないのに漢字を使うことがあって、そんなときにも漢字の意味を完全には無視できないのです。

〝なんとか漢字を使いたい〟という日本人の情熱の奥底には、〝意味を持つ文字〟というものの魅力が見え隠れしているように思われます。

6 発音の変化が当て字を生み出す

「腕白（わんぱく）」は「関白（かんぱく）」が変化したことばだ、という説があります。そう言えば、どちらも〝わがままに振る舞う〟点では同じですね。「かんぱく」の発音が「わんぱく」に変化した結果、意味とはたいして関係がない「腕」という漢字が用いられるようになったというのです。

これも〝読み当て字〟の一種だと考えられます。では、発音の変化によって生じた当て字には、ほかにどのようなものがあるでしょうか？

①悲しみをこらえて、**健気**に振る舞う。
②**図体**ばかり大きくて、中身がない。
③風もないのにカーテンが揺れるとは、**面妖**な話だ。
④怒った客が、ものすごい**剣幕**で怒鳴り込んできた。
⑤神聖な儀式の前に、川に浸かって**垢離**を取る。
⑥この大舞台でも物怖じしないとは、**天晴れ**な奴だ。

①「健気」は、「けなげ」と読みます。「健」の音読み「けん」が「けな」に変化しているように見えますよね。でも実際は、〝しっかりしていてたのもしい〟ことを表す「けなりげ」という古語が「けなげ」に変わり、それに当て字がされたものだと考えられています。

②「図体」の読み方は、「ずうたい」。「図」には特に意味はなく、もともとは「胴体」が変化したことばだと考えられています。

③「面妖」は、「めんよう」と読みます。「名誉」の読み方が「めんよう」へと変化し、同時に意味も〝不思議な〟に変わった結果、違う漢字が使われるようになったもの。「妖」はともかく、「面」は読み方だけを借りて使われています。

④「剣幕」は、「けんまく」。これは、本来の漢字は「険悪」で、平安時代のころには「けむあく」と発音されていました。それが「けんまく」へと変化したので、漢字も変わったという次第。現在では、〝けんか腰の態度〟を指して使われます。

⑤「垢離」は、「こり」と読んで、〝川に入るなどして、体を水で清める〟ことを指すことば。もともとは「川降り（かわおり）」でしたが、読み方が変化した結果、それっぽい漢字が当てられるようになりました。

⑥「天晴れ」は、「あっぱれ」。「あまはれ」が変化したことばのように思えますが、語源

は古語の「あはれ（あわれ）」。〝感動的だ〟という意味です。

以上の漢字の読み方は、①〜⑤では二文字とも音読み、⑥では二文字とも訓読みです。ただ、この種の〝読み当て字〟では、とにかく読み方が合う漢字を借りてくるわけですから、音訓を気にせず重箱読みや湯桶読み（101ページ）の形になっているものも少なくありません。

⑦**馬喰**が、立派な馬を引いてやってくる。
⑧この時計はブランドもので、**箆棒**に高い。
⑨**漆喰**で塗り固めた日本家屋の壁。
⑩この棚の上のものを取るには、**脚立**が必要だ。

⑦「馬喰」は、「ばくろう」と読み、〝馬のよしあしを見分ける人〟を指すことば。もともと、中国に馬のよしあしを見分けるのがうまい「伯楽（はくらく）」という伝説的な人物がいて、その発音が「ばくろう」へと変化した結果、「馬」の音読み「ば」と、「喰」の訓読み「くらう」を組み合わせて当て字をしたものです。
⑧「箆棒」の読み方は「べらぼう」で、意味は〝ふつうでは考えられないほど〟。「箆」は「へら」と訓読みする漢字で、道具の〝へら〟を表します。一方、「べらぼう」という日

本語は、非常に変わった外見をした「便乱坊（べんらんぼう）」という江戸時代の人物の名前から変化したものだ、と考えられています。

⑨「漆喰」は、「しっくい」。肥料に混ぜたり壁などに塗ったりして用いる「石灰（せっかい）」という物質がありますが、「しっくい」とは、その「石灰」の唐音（78ページ）。読み方があまりにも異なるので当て字したのが「漆喰」で、「漆（しつ）」は音読み、「喰（くい）」は訓読みです。

⑩「脚立」は、「きゃたつ」と読みます。昔の中国語に〝短いはしごのようなもの〟を指す「脚榻子」ということばがあり、それを唐音読みしたのが「きゃたつ」。「榻」は〝長いす〟を表す漢字ですが難しいので、「たつ」と訓読みする「立」が当て字されるようになりました。これは、発音が変化したために生まれた当て字ではありませんが、唐音というやや特殊な読み方が関係している当て字ということで、ここに紹介しておきます。

このほか、「怪我（けが）」や「頑丈（がんじょう）」「内緒（ないしょ）」なども、語源から見るとこれらの漢字と意味の上でのつながりはなく、当て字だと考えられています。〝読み当て字〟は実にさまざまなことばに潜んでいるのです。

しかし、もう一方の〝意味当て字〟だって、負けてはいません。ここから先は、意味がポイントになる難読漢字を中心に、話を進めていくことにいたしましょう。

7 複数の漢字をまとめて訓読みする

「昨日」と書いて「きのう」と読むのは、常識ですよね。とはいえ、「昨」に「き」とか「きの」といった読み方があるわけではありません。昔の中国語に「昨日」という熟語があって、その意味を日本語に翻訳すると「きのう」になるから、二文字まとめて「きのう」と読むのです。

実は、世の中で難読漢字と言われているものの中には、このタイプの熟語がたくさんあります。その一部を見てみましょう。

①ベランダで、**団扇**を片手に夕涼みをする。
②地球は**独楽**のように自転を続けている。
③大人になるにつれて、**雀斑**がだいぶ薄くなった。
④アメリカは人種の**坩堝**だと言われる。
⑤劣勢だったチームが、一点を返して反撃の**狼煙**を上げた。
⑥美しく着飾った**花魁**が、色街を練り歩く。

①「団扇」は、「うちわ」。「団」には〝円形の〟という意味があり、「団扇」も文字通りには〝円形の扇〟。それは日本語で言うならば「うちわ」にあたります。

②「独楽」は、「こま」と読みます。手から離れても回り続けるようすを〝独りで楽しむ〟ことにたとえたもの。元は中国から伝わったおもちゃの名前です。

③「雀斑」の読み方は「そばかす」で、〝顔の肌にできる細かいしみ〟のこと。それを中国語では、〝スズメの羽に見える斑点〟にたとえて、こう書き表したわけです。

④「坩堝」は、「るつぼ」と読み、意味は〝金属などを熱して溶かすために用いる壺《つぼ》〟。転じて、〝さまざまなものが溶け合っている状態〟を指して用いられます。音読みすれば「かんか」ですが、「坩」も「堝」も、この熟語以外ではめったに使われない漢字です。

⑤「狼煙」は、「のろし」。〝昔、戦争などの際に、急を知らせる合図として焚いた煙〟を言います。中国では燃料としてオオカミ（狼）の糞を使ったところから、このような漢字を用いた名前になったと言われています。

⑥「花魁」の読み方は、「おいらん」。主に江戸時代の色街で〝美しくて人気があり、ランクが高い女性〟を指します。ここでの「魁」は、〝トップに立つ人〟という意味。「花魁」は、〝花の中でも最も優れたもの〟というところから、特に色街で〝とびきり美しく、ラン

ク が高い女性〟を指して使われた中国語です。

以上はすべて、一つ一つの漢字の音訓は無視して、中国語の熟語の意味を日本語に翻訳して読んだものです。これは、実は訓読みと同じ発想。訓読みは漢字一文字を相手にしているのに対して、これらは二文字まとめて相手にする点が違うだけです。そこで、こういった読み方のことを、〝熟字（熟語）〟に対する〝訓読み〟という意味で、〝熟字訓《じゅくじくん》〟と呼んでいます。「まえがき」で取り上げた「顳顬（こめかみ）」も、熟字訓の一つです。

熟字訓には、漢字三文字以上の熟字（熟語）を対象としたものもあります。

⑦作物を鳥から守るため、**案山子**を立てる。
⑧玄関の**三和土**は、脱ぎ散らかされた靴でいっぱいだ。
⑨酔っ払っては暴力を振るう、どうしようもない**破落戸**。
⑩**没分暁漢**相手には、何を言ってもしかたない。

⑦「案山子」は、「かかし」。ここでの「案」は、〝心配する〟という意味。「案ずるより産むがやすし」ということわざがありますよね。「子」は、ここでは〝道具や器具〟を表すことばの最後に付ける漢字。汁ものなどをすくう「**杓子**（しゃくし）」や、和室の間仕切り

に使う「障子（しょうじ）」と同様です。「案山子」は、もともとは〝山里の田畑を鳥が荒らすのを心配して立てる道具〟というところから、中国で作られた熟語です。

⑧「三和土」は、「たたき」。現在では〝コンクリートで固めた床〟のことを言いますが、昔は〝三種類の原材料を混ぜた土〟を使いました。「三和土」は、元はといえば、そこから生まれた中国語。「和」には、〝一緒にする〟という意味があります。「ごま和《あ》え」も、この意味で「和」が使われている例です。

⑨「破落戸」の読み方は、「ごろつき」。また、「ならずもの」と読むこともあります。これも、元は〝落ちぶれた家〟というところから、〝定職を持たず、まっとうでない生き方をしている人〟を指す中国語です。

⑩「没分暁漢」は、「わからずや」と読みます。「没」は〝○○がない〟、「分暁」は〝理屈〟、「漢」は〝男性〟あるいは〝人物〟で、合わせて〝理屈が通じない人〟。もともと、比較的新しい時代の中国語です。

「破落戸」や「没分暁漢」のような熟字訓は、現在の日本語ではあまり見かけませんが、明治時代のころにはよく使われました。「破落戸」のように、複数の読み方を持つものがあるのは、複数の訓読みを持つ漢字があるのと同じことです。

8 日本語の意味を複数の漢字で表現する

簡単に言えば、熟字訓とは複数の漢字をまとめて訓読みする読み方です。訓読みと同じ原理ですから、中には、国訓（31ページ）と同様に、中国語にはない独自の意味にあたる日本語で読む熟字訓もあります。

また、日本人は、日本語のあることばの意味を漢字二文字以上の熟語の形にして表現する方法も編み出しました。これは、国字（35ページ）の熟語版だと言えるでしょう。

①散歩をしていて**時雨**に降られる。
②少し寝たら、酒が抜けて**素面**に戻った。
③豆腐を作るためには**苦汁**が必要だ。
④彼女は、さる料亭で**女将**をしている。
⑤出陣を前に**鯨波**の声を上げる。

①「時雨」は、「しぐれ」と読み、〝時々降る雨〟や〝降ってはやむ雨〟のこと。ただ、中国の昔の文章に出て来る「時雨」は、〝ちょうどよい時に降る雨〟という意味。日本語でもこの意味の場合には、「じう」と音読みします。

②「素面」の読み方は、「しらふ」。〝酔っていない状態〟を表す日本語ですが、中国語としての「素面」は、〝化粧をしていない顔〟を指すことば。その意味の場合には、日本語では「そめん」と音読みをしています。

③「苦汁」は、「にがり」。音読みで「くじゅう」と読むと、文字通り〝苦い汁〟のことで、「苦汁を飲む」のように使われます。これは、中国語としての意味。「にがり」は、〝海水から塩を作ったあとに残る液体〟を指す日本語で、独特の苦みがあります。

④「女将」は、「おかみ」と読み、〝料亭や旅館などの女主人〟を指す日本語。しかし、中国語としての「女将」には、〝女性の武将〟といった意味しかありません。

⑤「鯨波」は、「とき」。多くは「ときの声」の形で使い、〝気合いを入れるために大勢で上げるかけ声〟を指します。一方、中国語としての「鯨波」は、〝クジラが起こすような大きな波〟。日本語でも、この意味で使う場合には「げいは」と音読みします。「とき」を書き表す漢字として用いるのは、〝大きな波〟の音を〝大勢で上げるかけ声〟のたとえとして転用したものです。

以上はすべて、もともとは中国語の熟語だったものを、それとは違う日本語独自の意味で読むようになったもの。漢字一文字の訓読みで言えば、国訓に相当するものです。一方、漢字一文字で言えば国字にあたる、ある日本語を書き表すために中国語には存在しない漢字熟語を作り出しているものとしては、次のような例があります。

⑥お囃子《はやし》を響かせながら、楽車が街を駆け巡る。
⑦収穫が終わったたんぼに稲架が並ぶ。
⑧毎日シャンプーしているのに、雲脂が多くて困る。
⑨朝から晩まで働いて、もう草臥れた。
⑩カラオケで十八番の曲を歌う。

⑥「楽車」は、「だんじり」と読みます。関西地方のお祭りで使われる〝屋根と車が付いた屋台〟の一種。漢字は、〝音楽を鳴らしながら走る車〟といった意味合いでしょう。
⑦「稲架」は、「はさ」と読み、〝刈り取った稲を干しておくための木組み〟。「架」は、〝木材を組んだもの〟を表す漢字です。
⑧「雲脂」の読み方は、「ふけ」。頭皮がはがれて落ちるあの〝ふけ〟を、〝雲のような

脂〟とおしゃれにたとえたものです。

⑨「草臥れた」は、「くたびれた」と読みます。〝疲れ切って倒れ込む〟ようすを、〝風に吹かれて草が横倒しになる〟ことにたとえて、こういう漢字を使うのでしょう。「臥」は、「ふせる」と訓読みして、〝横になる〟ことを表します。

⑩「十八番」は、「じゅうはちばん」と音読みしていただいてもいいのですが、ここで答えていただきたいのは「おはこ」の方。〝得意とする芸〟を指すことばです。江戸時代、歌舞伎の市川家が、〝得意とする十八種類の演目〟を〝箱〟に入れて保存していたところから、こう書き表すのだと言われています。「番」は、演目を数えることばです。

中国語には、漢字で「楽車」「稲架」「雲脂」「草臥」「十八番」と書き表されることばはなかなか見当たりません。日本人が、日本語の単語を書き表すために、その意味を表すような漢字を並べたのです。意味に重きを置いているため、使われた漢字の音訓は無視される結果となっていて、〝意味当て字〟の一種だと考えることができます。

日本で独自に作られたこれらの〝意味当て字〟は、見かけの上からは、中国語の熟語に由来する熟字訓と区別することができません。そのため、これらも和製の熟字訓として、中国由来の熟字訓と合わせて考えるのがふつうです。

9 音読み熟語をまるごと訓読みする

音読みとはもともとは昔の中国語の発音ですから、漢字の熟語を音読みで読むと、日本語とは異なるやや硬い響きになります。一方、熟字訓は熟語をまるごと訓読みしてしまうので、日本語らしく柔らかい感じがします。

そこで現在でも、文学的な文章などでは、ふつうは音読みで読む熟語をあえて熟字訓で読んで、独特の雰囲気を出すことがあります。それらも、ふつうとは違う読み方なので、難読漢字だと言えるでしょう。

①それが二人の**永遠**の別れとなった。
②弱者が強者の**犠牲**となる社会を、改革する。
③大きな波が打ち付けて、**飛沫**が遠くまで飛ぶ。
④これまでの**経緯**を説明する。

①「永遠」は、ふつうは「えいえん」と音読みしますよね。でも、熟字訓として「とわ」

と読むと、意味は変わりませんが雰囲気が出ます。

②「犠牲」も、ふつうに音読みすれば「ぎせい」ですが、熟字訓として「いけにえ」と読むこともできます。その方が、ちょっと生々しいですよね。

③「飛沫」は、「ひまつ」と音読みすると、分析的・科学的な雰囲気。一方、熟字訓として「しぶき」と読むと、少し詩的な雰囲気になります。

④「経緯」も、音読みで「けいい」と読むとちょっと外向きのことば。熟字訓として「いきさつ」と読むとやや砕けた表現となります。

このように、音読みと熟字訓を使い分けると、細かい雰囲気を表現することができます。ただし、どちらで読んでも正解ですので、振りがなを付けておかないとどう読めばいいのか伝わらない、という困った点もあります。

では、次のような例はどうでしょうか?

⑤初心を忘れないで、がんばります。

⑥異性と話すのに慣れていない、初心な子ども。

⑦さる大企業が倒産し、余波は業界全体に及んだ。

⑧木陰に残っている雪は、冬の余波だ。

⑨住民たちの訴えは、役所では**等閑**に付された。
⑩遊びにかまけて仕事を**等閑**にしてはいけない。

⑤「初心」は、音読みで読んで「しょしん」。しかし、同じ漢字を使っていても、⑥「初心」は、熟字訓で「うぶ」と読みます。
⑦「余波」は、音読みで「よは」。一方、⑧「余波」は熟字訓で「なごり」と読みます。「なごり」の語源は、〝波の残り〟つまり〝嵐のあとまで残っている波〟。そこで「余波」という漢字で表現できるわけです。ただし、現在では「**名残**」と書くのが一般的です。
⑨「等閑」は、音読みで「とうかん」。「等閑に付す」で、〝まともに取り上げず、放っておく〟ことを表します。それはつまり〝なおざりにする〟ことだというわけで、⑩「等閑」は、熟字訓として「なおざり」と読むわけです。
これらの例では、音読みと熟字訓を入れ換えて読むわけにはいきません。音読みには音読みにふさわしい文脈が、熟字訓には熟字訓にふさわしい文脈があるからです。こういうところには、音読み熟語がもともとは中国語からの外来語であったことが、いまだに反映されていると言えるでしょう。

10 二字熟語に送りがなを付けて読む

「おいしい」を「美味しい」と書いたり、「はやる」を「流行る」書いたりするのは、よく見かける書き方ですよね。これらも、「美味（びみ）」「流行（りゅうこう）」という音読み熟語を、一つ一つの漢字の読み方にはこだわらず、全体の意味を表す日本語で読んでいるわけですから、熟字訓の一種です。

このように、熟字訓には送りがなが付くこともあるのです。

①この岩壁を登るくらいは、**容易い**ことだ。
②あの人は、社長になるのに**相応しい**人物だ。
③カッとなって**逆上せて**しまい、あらぬことを口走る。
④なかなか寝つけず、少し**微睡んだ**だけで目が覚めた。
⑤かつてのスターも、今ではすっかり**零落れて**しまった。

①「容易い」は、「たやすい」。「**容易**（ようい）」とは、〝たやすい〟という意味ですよね。

②「相応しい」の読み方は、「ふさわしい」。たとえば「年齢相応（そうおう）の分別を持つ」とは、〝年齢にふさわしい分別を持つ〟ということです。

③「逆上せて」は、「のぼせて」と読みます。「逆上（ぎゃくじょう）」とは、〝感情が高ぶって頭に血が上る〟こと。そこで、熟字訓として「のぼせる」と読むわけです。

④「微睡んだ」は、「まどろんだ」。〝ちょっとだけ眠る〟という意味の「微睡（びすい）」を、同じ意味の日本語を用いて「まどろむ」と読んでいます。

⑤「零落れて」は、「おちぶれて」と読みます。「零」には〝こぼれる〟という意味があり、「零落（れいらく）」とは、文字通りには〝こぼれ落ちる〟こと。世間から〝こぼれ落ちる〟という意味合いで、〝落ちぶれる〟という意味にもなります。

残りの五つは、少し難しめの漢字を含むものです。

⑥借金取りに**執拗く**追い回される。
⑦長い時間、立ちっぱなしだと、脚が**浮腫む**。
⑧悪が**蔓延る**のを、黙って見過ごすわけにはいかない。
⑨悲しくて、声を押し殺して**歔欷く**。
⑩聞かれたくないことを質問され、顔が**痙攣る**。

⑥「執拗く」の読み方は、「しつこく」。「拗」は、「拗れる（こじれる）」「拗ねる（すねる）」「拗ける（ねじける）」などと訓読みする漢字。「執拗」は、音読みでは「しつよう」と読み、〝何かに過度にこだわり、やめようとしない〟ことを表します。

⑦「浮腫む」は、「むくむ」。「腫」は、「腫れる（はれる）」と訓読みして、〝体の一部がふくれる〟ことを表す漢字。「浮腫」の二文字で、「ふしゅ」と音読みして、いわゆる〝むくみ〟を指します。ここでは、それを動詞として使っているわけです。

⑧「蔓延る」は、「はびこる」と読みます。「蔓」は「つる」と訓読みする漢字で、「まんえん」と音読みする「蔓延」は、文字通りには〝植物のつるが延びる〟こと。転じて、〝多くのものがつながってのさばる〟という意味になります。

⑨「歔欷く」は、「すすりなく」。「歔欷」は、音読みでは「きょき」と読み、〝すすり泣く〟という意味を表します。「歔」も「欷」も、「歔欷」以外の形で使われることはめったにありません。

⑩「痙攣る」の読み方は、「ひきつる」。「痙」は、〝筋肉がぴくぴく動く〟こと。「攣」は、〝引っ張る〟こと。「痙攣」は、音読みでは「けいれん」と読んで、〝筋肉が引っ張られたようにぴくぴく動く〟ことを表します。

「執拗」「浮腫」「蔓延」「歔欷」「痙攣」は、音読みで読んでもけっこう難読。それをさらに熟字訓で読もうというのですから、日本人もずいぶんと手の込んだ漢字の使い方をするものですよねえ！

とはいえ、文脈と送りがなに注意してそれに合うことばを探せば、なんとなく読めてしまいませんか？　漢字一文字を訓読みするときにも、そういうことがありました（24ページ）。つまり、熟字訓は、こういう点でも訓読みと同じなのです。

ところで、ここまでにご紹介してきたような、音読み熟語を熟字訓として読む読み方は、いくらでも作り出すことができます。「**運命**」と書いて「さだめ」と読んだり、「**女性**」と書いて「ひと」と読んだりするのは、かつての歌謡曲ではよく見られましたよね。あるいは、「**本気**」と書いて「マジ」と読む、なんていうのも、その一種です。

それが高じると、「**運命**」を「ディスティニー」と読ませたり、「**女性**」を「レディ」と読ませたりするようになるわけです。こういういかにも現代的な漢字の使い方も、その根っこは、日本語で昔から用いられてきた熟字訓と同じ。考え方だけを取り出せば、漱石がさかんに使っていた、「洋燈（ランプ）」や「麵麭（パン）」といった外来語の〝意味当て字〟と同列だ、と考えることもできるのです。

11

島崎藤村は漢字熟語をどう読ませたか？

複数の漢字が結び付いている熟語をまるごと訓読みしてしまう熟字訓は、漢字を一つずつ読むのに慣れている私たちからすると、ちょっと特別な雰囲気を感じさせます。しかし、かつては非常によく用いられた方法です。

ここでは、明治の文豪、島崎藤村の随筆集『千曲川のスケッチ』（一九一一年）の最初の方から、その実例を見てみることにしましょう。

① 子供というものは**可笑しな**ものですネ

② 素足で豆蒔《まめまき》は出来かねる、**草鞋**を穿《は》いて漸《ようや》くそれをやるという。

③ 麦の穂と穂が擦れ合って、**私語く**ような音をさせる。

④ **一寸**散歩に出るにも、この画家は写生帳を離さなかった。

①「可笑しな」は、「おかしな」と読みます。中国語の「可笑」は、〝笑って当然〟という意味。「おかしな」とは、その意味を翻訳した日本語です。

②「草鞋」の読み方は、「わらじ」。「鞋」は、〃履きもの〃を指す漢字。中国語で〃草で編んだ履きもの〃を表す漢字の熟語を、日本語で似たものを表す「わらじ」で読んでいます。

③「私語く」は、「ささやく」。中国の文章に出て来る「私語」には、〃こっそりと話す〃という意味があります。

④「一寸」の読み方は、「ちょっと」。「寸」は昔の長さの単位で、「一寸」は約三センチ。それを長さ以外にまで拡張解釈して「ちょっと」と読むのは、日本語独自の用法です。

以上は、現在でも辞書によっては載せているような熟字訓。しかし、以下のものを振りがななしで読むのは、現代人にはなかなか難しいかもしれません。

⑤外国の田舎にも、（中略）**収穫**休みというものがあるとか。

⑥牛の性質によって**温順しく**乳を搾らせるのもあれば、

⑦君なぞに、この**光景**を見せたら、何と言うだろう。

⑧**多忙しい**時季が来ると（中略）手伝いをしなければ成らない。

⑨小屋の**周囲**には柵が作ってある。

⑩どうしても長く**熟視めて**いられない

⑤「収穫」に、藤村は「とりいれ」と振りがなを付けています。
⑥「温順しく」は、「おとなしく」。ここでの「順」は、「従順」の「順」と同じで、〝相手に従う〟という意味です。
⑦「光景」は、「ありさま」と読みます。なるほど！　ですよね。
⑧「多忙しい」は、「いそがしい」。「忙しい」だけで「いそがしい」と訓読みできるわけですが、なぜだか「多」がかぶさっています。
⑨「周囲」は、「まわり」。これまた、「周り」でもよさそうです。
⑩「熟視めて」は、「みつめて」と読みます。「視つめて」と書いて「みつめて」と読ませることも可能ですが、藤村は「熟視」を熟字訓として使っています。
『千曲川のスケッチ』には、ほかにも「俳優（やくしゃ）」「価値（ねうち）」「噴飯す（ふきだす）」などの例が見られます。全般的に、島崎藤村の文章では熟字訓の使用が目立ちます。特に⑧〜⑩のような例を見ると、単独の漢字を訓読みして使うよりも、熟字訓の方に慣れ親しんでいたような印象さえ抱かせます。

熟字訓とは、漢字の意味に重点を置いて熟語を読むこと。森鷗外の訓読みのところでも見たように（105ページ）、明治の人々の頭の中には、漢字の意味そのものがたたき込まれていたように思われます。

12 読み方と漢字の微妙な関係

熟字訓では、一つ一つの漢字の音訓は無視されます。その結果、読み方と漢字の関係に、個々の漢字をベースにして考えた場合には理解しがたいようなさまざまな現象が起こります。

当て字についてご説明してきたこの章の最後に、その摩訶不思議な現象のいくつかをご紹介しておきましょう。

①**俎板**の上で野菜を切る。
②焼きものを焼く前に、**釉薬**をかける。
③せっかくの提案を**鰾膠**もなく断る。
④緩んだ**犢鼻褌**を締め直す。

①「俎板」の読み方は、「まないた」。「板」の訓読みは「いた」ですから、「俎」を「まな」と読むのかといえば、さにあらず。実は「俎」の一文字だけでも、「まないた」と訓読

みできます。つまり、「板」があろうとなかろうと読み方は変わらないのです。

②「釉薬」は音読みでは「ゆうやく」ですが、熟字訓としては「うわぐすり」。〝陶器の表面に塗る薬品〟のことです。これも、「釉」だけで「うわぐすり」と読むことも可能です。

③「鮸膠」は、「にべ」。〝ニベという魚から作った接着剤〟です。「鮸」はニベを指す漢字なので、一文字で「にべ」と訓読みできます。一方の「膠」は、「にかわ」と訓読みして〝接着剤の一種〟を表す漢字。日本語では原材料の魚と出来上がった接着剤とが同じく「にべ」と呼ばれるので、「膠」を読んでいないようにも見えるのです。

④「犢鼻褌」は、音読みでは「とくびこん」ですが、一般には、熟字訓として「ふんどし」と読みます。これまた、「褌」だけで「ふんどし」と読めるので、読み方の上では「犢鼻」の二文字分は無意味なように見えます。ちなみに、「犢」とは〝子牛〟を意味する漢字です。

以上は、読み方の上ではなくてもいいような漢字を含むタイプ。一方、次の三つは、ありもしない訓読みがあるように見える漢字を含む熟字訓です。

⑤ 昨晩、飲み過ぎて、今朝は宿酔だ。

⑥ 割れたガラスの欠片を拾う。

⑦両親が早く亡くなり、**幼気な**子どもだけが残された。

⑤「宿酔」は、「しゅくすい」と音読みすることもできますが、よく見かけるのは熟字訓の「ふつかよい」の方。「よい」は「酔」のまっとうな訓読みですが、「宿」を「ふつか」と読むことはできません。なぜなら、この漢字には〝一晩が過ぎる〟という意味はあっても、〝二日〟という意味はないからです。

⑥「欠片」の読み方は「かけら」。これも、「片」に「ら」という訓読みがあるわけではありません。この場合の「ら」は接尾語で、はっきりした意味はありません。

⑦「幼気な」は、「いたいけな」。「いたいけ」は、語源としては〝痛い気〟で、〝見ていて痛々しい気分になるほど、いじらしい〟という意味。「幼」はあくまで「おさない」と訓読みする漢字で、〝痛々しい〟という意味はなく、「いたい」と訓読みできるわけではないのです。

これらでは、熟字訓の読み方の一部と片方の漢字の訓読みが一致しているため、もう片方の漢字に、実在しない訓読みが現れているように見えているのです。このほか、漢字の文字数が読み方の文字数より多いという、ある意味で効率がよくない熟字訓もあります。

⑧あの人は、実は教養のない似而非文化人だ。
⑨正月飾りに七五三縄を張る。
⑩水に漬けた大豆をすりつぶし、豆汁を作る。

⑧「似而非」は、「えせ」と読み、〝似ているようだが実は違う〟という意味。三文字がまとまって表している意味を、二文字の日本語に翻訳して読んでいます。

⑨「七五三縄」は、「しめなわ」。「七五三」だけを切り出すと、一文字少ない「しめ」と読んでいるように見えます。「しめ」とは、〝入るのを禁止して閉め出す〟という意味。それを示すために縄を七本、五本、三本と並べて垂らすので、「七五三縄」と書きます。

⑩「豆汁」は、ここで問題にしたい読み方は「ご」。〝豆腐の原料などとして使う汁〟です。これは、漢字二文字に対して読み方が一文字しかない例。ただ、それではさすがに落ち着かないからか、「豆汁」と書いて「ごじる」と読ませることもあります。

以上、三つの章にわたって、音読みと訓読み、そして当て字という、漢字の読み方の三大要素について説明をしてきました。では、その知識を踏まえると、難読漢字の世界はどのように見えるでしょうか。残りの二つの章では、難読漢字が多い動植物と地名の世界に焦点を当てて、その実際を見ていくことにいたしましょう。

第Ⅳ章

動植物を表す漢字のいろいろ

世の中に難読漢字はあまた存在していますが、その中でも一大勢力を成しているのは、動物や植物の名前を表す漢字です。

この章では、これまでにご説明した、訓読みと音読み、国訓、国字、音読みの種類、形声、会意、当て字、熟字訓といった知識を活用しながら、動植物の難読漢字にはどんなものがあるか、具体的に見ていきましょう。

1

動植物を漢字一文字で書き表す

「犬」「鶏」「松」「藤」などなど、漢字一文字で書き表される動植物の名前のほとんどは、訓読みです。その多くは、中国からその動植物を表す漢字が伝わって来たとき、すでに日本語にも呼び名が存在したので、それが訓読みとして使われるようになったのです。

それらのうち、現代人の生活にはあまりなじみがない動植物や、漢字ではあまり書き表されなくなった動植物が、難読漢字となります。

①獺（水中で餌を取って暮らす、イタチに似た哺乳類）
②鶉（殻にまだら模様のある卵がよく食用とされる、小さな鳥）
③鰈（平べったくて、目が片方に寄って付いている魚）
④蠍（尾に強い毒を持つ、ザリガニのような動物）
⑤羆（日本では北海道の森林に住む、大型の哺乳類）

①「獺」は、「かわうそ」と読みます。部首「犭（けものへん）」は、成り立ちとしては「犬」と同じで、イヌのような〝四本足で体に毛が生えた動物〟を表します。

②「鶉」の読み方は、「うずら」です。

③「鰈」は、「かれい」。ここでの「枼」は、「葉」「蝶」にも使われているように、〝平べったいもの〟を表しています。

④「蠍」の読み方は、「さそり」。音読みは、「かつ」。「蛇蠍（だかつ）」は〝ヘビやサソリ〟のことで、「蛇蠍のように忌《い》み嫌う」などと用いられます。

⑤「羆」は、「ひぐま」。上部の「罒（あみがしら）」は「罷免（ひめん）」の「罷」の省略形。「羆」は形声の漢字（44ページ）で、「罷」が音読み「ひ」を表しています。その「ひ」に「くま」を組み合わせたのが「ひぐま」だと考えられているので、「羆」の訓読みは、ほかとは違って漢字が伝来したあとで生まれたものだということになります。

以上はすべて、訓読みの例。漢字一文字を音読みする動物の名前としては、「象」のほか、「犀（さい）」があるくらい。どちらもかつての日本には生息していなかった動物なので、中国語の発音に由来する音読みがそのまま日本での呼び名として定着したのでしょう。

⑥**樅**（クリスマス・ツリーに使われる針葉樹）

⑦ **楡**（街路樹などに使われる落葉高木。エルム）
⑧ **棗**（なぜか日本ではあまり食用にされない果樹）
⑨ **蕨**（早春、新芽を食用とするシダの仲間）
⑩ **薊**（葉にとげが多く、夏、赤紫色の花を咲かせる草）

⑥「樅」は、「もみ」。「從」は「従」の旧字体です。
⑦「楡」は、「にれ」と読みます。
⑧「棗」は、「なつめ」と訓読みする漢字。ちなみに、「朿」を横並びにした「棘」は、「とげ」と訓読みする別の漢字です。
⑨「蕨」の読み方は、「わらび」です。
⑩「薊」は、「あざみ」。「魚」が含まれている理由は、はっきりしません。

以上もすべて訓読みです。なお、漢字一文字を音読みして使う植物の名前としては、「菊」「茶」「蘭」などがあります。これらの漢字には、定着した訓読みはありません。その事実は、キクの花を愛でたりお茶をゆっくり味わったりするいかにも日本的な文化も、実は中国の影響の下に生まれたものだということを示しているのです。

2

日本語オリジナルの動植物漢字

中国大陸と日本列島とでは、生息している動植物が異なります。そのため、ある動植物の日本語での名前を書き表す際に漢字を使いたくても、それにふさわしい漢字が中国語には見あたらない場合もあります。

そんなとき、日本人は、漢字に倣ってオリジナルの文字を生み出すことがありました。いわゆる国字（35ページ）です。

①**鰯**（食用ともなり肥料としても利用される、代表的な青魚）
②**鱚**（開いて天ぷらにするのが定番の、白身の魚）
③**鰘**（ハワイではマヒマヒと呼ばれる、赤身の魚）
④**鱩**（秋田県の名産で、しょっつるの材料にもなる魚）
⑤**鯱**（白黒の二色の体が印象的な、クジラの仲間）

①「鰯」の読み方は、「いわし」。右側の「弱」は「弱」の旧字体で、古語で「よわし」

と読み、「いわし」という名前を表していると言われています。

②「鱚」は、「きす」。「喜（き）」で「きす」の「き」を表した国字です。

③「鰤」は、「しいら」。「暑」は、「耂」の下に点が付いていますが、「暑」の旧字体。〝暑い季節に獲れる魚〟というところから作られた国字です。

④「鱩」は、「はたはた」と読みます。〝雷が鳴りやすい季節に獲れる魚〟というところから。「鰰（はたはた）」と書く国字もあります。

⑤「鯱」は、「しゃち」。本来は日本の想像上の魚で、頭がトラに似ていると考えられていたところから、「魚」に「虎」を組み合わせて作られました。

魚をよく食べる食生活を反映して、魚の名前を表す国字は、ほかにもたくさんあります。「鯰（なまず）」「鮗（このしろ）」「鮴（ほっけ）」などが、その例。逆に、魚以外の動物については、国字の例はそう多くはありません。ここでは、二つの鳥を挙げておきましょう。

⑥ **鴫**（長い脚とくちばしが特徴的な、渡り鳥）

⑦ **鶍**（くちばしの上下が食い違っている、小さな鳥）

⑥「鴫」は、「しぎ」。〝田んぼによく舞い降りてくる鳥〟だからでしょう。

⑦「鰯」は、「いすか」と読みますが、この国字の成り立ちは、よくわかりません。

植物の名前を表す国字は魚ほど多くはありませんが、次のようなものがあります。

⑧ **樫**（実がどんぐりとなる常緑樹）
⑨ **榊**（神道の神事に用いられる常緑樹）
⑩ **梻**（枝を仏前に供える常緑樹）

⑧「樫」は、「かし」。〝幹や枝が堅い木〟というところから生まれた国字です。
⑨「榊」の読み方は、「さかき」。「神」は「神」の旧字体です。
⑩「梻」は、「しきみ」と読みます。「佛」は、「仏」の旧字体です。

以上の多くでは、「魚（さかなへん）」「鳥（とり）」「木（きへん）」といった部首に、その表したい動植物の特徴を示す漢字を組み合わせて、国字ができあがっています。漢字の作り方としては、会意の方法（57ページ）です。

会意が多いというのは、国字の特徴の一つ。形声の方法は中国語の発音に基づくものですから、日本人にはなじみにくかったのでしょう。

3 動植物漢字を日本語独自の意味で使う

中国語と日本語との間で指すものが異なる漢字が多いのも、動植物の漢字の特徴です。いわゆる国訓（31ページ）です。

ただし、一口に国訓といっても、それがどのように生じたのかは一様ではありません。ここでは、動植物を表す国訓の具体例を取り上げながら、それぞれが生まれた理由について、考えてみましょう。

① **鰆**（刺身や西京焼きなどにして食べるとおいしい魚）
② **鰤**（刺身か照り焼きにするのが定番の魚）
③ **鱧**（京料理の食材として知られる、高級魚）
④ **狆**（ふさふさとした長い毛が特徴的な、小型犬）
⑤ **蜩**（夏の終わりに鳴くのが印象的な、セミの仲間）

①「鰆」の読み方は、「さわら」。瀬戸内海では〝春に旬を迎える魚〟とされていたとこ

ろから、こう書きます。しかし、中国の古い辞書には、〝海の魚の一種〟を指す漢字として載っていて、それはサワラではないと考えられています。

②「鰤」は、「ぶり」と読みます。ブリは、成長するにつれて呼び名が変わる出世魚の代表的存在。「魚（さかなへん）」に「師」と書くのは、その出世するようすを〝師匠になる〟ことにたとえたとか、〝師走に旬を迎える魚〟だからとか言われています。これまた、中国の古い辞書には、〝毒のある魚の一種〟として載っています。

この二つは、中国の古い辞書にも載ってはいるものの、簡単な記述しかなく、どんな魚を表すのかははっきりしません。日本人が独自に作り出したつもりだった国字が、たまたま、中国でもかなりマイナーな漢字として存在していたものだろうと思われます。

③「鱧」は、「はも」。これも、中国では別の魚を指す漢字として、古い辞書に載っています。「鰆」「鰤」と同様の事情でしょうが、日本でなぜ、ハモを表すのに「豊」という漢字を用いたのかは、よくわかりません。

④「狆」は、「ちん」と読みます。中国では〝ある少数民族の呼び名〟として使われた漢字ですが、日本では、江戸時代からこの犬の名前として使われています。これも、国字として作り出したものが、中国にもたまたま存在していた例でしょう。

⑤「蜩」の読み方は、「ひぐらし」。中国では〝セミの仲間全体〟を表す漢字として、古

くからよく使われています。日本人がそれを知らなかったとは思えないので、ヒグラシを指して使うのは、何らかの理由で生じた限定解釈なのでしょう。

後半は、植物を表す漢字です。

⑥ **薇**（渦巻き型の新芽を、煮物や天ぷらにして食べる山菜）
⑦ **蓬**（草餅の材料として使われる野草）
⑧ **蕗**（煮物やおひたしなどにして食べる、春野菜）
⑨ **檀**（昔、弓の材料に使われた落葉樹）
⑩ **柊**（つやつやしていてとげのある葉が特徴的な、常緑樹）

⑥「薇」は、「ぜんまい」と読みます。しかし、中国語ではカラスノエンドウという別の植物を表す漢字として、古くからよく使われています。

⑦「蓬」は、「よもぎ」。これまた、中国語では、古くから使用例の多い漢字。ムカショモギという別の植物を指します。

⑧「蕗」の読み方は、「ふき」。中国の古い文献では、「菎蕗（音読みすれば「こんろ」）」の形で、〝ある種の香草〟を指す漢字として用いられています。

⑨「檀」は、「まゆみ」。「だん／たん」と音読みして、「白檀（びゃくだん）」「黒檀（こくたん）」など、インドや東南アジアの原産で器具の材料として使用される樹木の名前に使われるのが、中国語としての用法です。

以上の四つは、日本語で指すものと中国語で指すものとの間に、よく考えると似た点がないわけではありません。おそらく、日本人が解釈しそこなって、中国語とは別の植物を指す漢字として訓読みするようになったものでしょう。

⑩「柊」は、「ひいらぎ」と読む漢字。中国ではある種の植物を指しますが、あまりメジャーではありません。これは、日本人が独自に作り出したつもりだった国字が、たまたま中国にも存在していた例かと思われます。なお、この漢字に「冬」が使われているのは、〝緑の葉が冬に目立つ樹木〟だからだとか、〝葉のとげが刺さると疼《うず》く〟からと言われています。

このように、動植物を表す国訓には、大きく分けて二種類があります。一つは、日本人が何らかの事情で、中国語での意味とは異なる解釈をしてしまったもの。もう一つは、中国にも存在するとは知らずに、日本人が国字のつもりで作り出したものです。

ただし、中には中国語と日本語とでの意味の違いが微妙なものもあります。さらに、国字だと考えられていたのに中国での使用例が見つかって、国訓だと改められることもあります。このため、動植物の国字と国訓は、辞書によって分類が異なる例も少なくありません。

4

動植物を表す音読み熟語

ここからは、複数の漢字が結び付いてできた熟語の動植物名を取り上げます。まずは、音読みで読むものを見てみましょう。

音読みとは本来は中国語の発音ですから、これらの動植物の名前ももともとは中国語。それが日本に伝わって来たときにはその動植物を表すにふさわしい日本語の呼び名がなく、音読みのままで定着したものと考えられます。

①**駱駝**（背中に大きなこぶがある哺乳類）

②**鸚鵡**（人間のことばをまねするのが得意な鳥）

③**栗鼠**（木の実を食べる姿が愛らしい小動物）

④**白鼻心**（鼻の中心に白い筋があるのが特徴的な哺乳類）

①「駱駝」は、「らくだ」。砂漠に暮らすこの動物は、当然、日本には生息していません。日本に初めてもたらされたのは、奈良時代になってからです。

②「鸚鵡」は、「おうむ」。これも、奈良時代に初めて日本にもたらされた動物。ちなみに、「鸚哥（いんこ）」の渡来はもっと遅いようで、この熟語は唐音（78ページ）で読まれます。

③「栗鼠」は、「りす」。リスそのものは中国にも日本にも昔からいたでしょうが、中国語で「栗鼠」という熟語が使われるようになったのは、一二世紀ごろのようです。「りす」は唐音による読み方で、ふつうに読めば「りっそ」です。

④「白鼻心」の読み方は、「はくびしん」。これはもともとは中国語の方言のようで、江戸時代には「雷獣」という名前で知られていました。昭和の初めごろに毛皮が台湾などから輸入されるようになってから、「白鼻心」という名前が日本語に入ったものと思われます。

⑤**芍薬**（美しい女性の立ち姿にたとえられることがある花）
⑥**紫苑**（秋に薄紫色の花を咲かせる、菊の一種）
⑦**菠薐草**（鉄分を多く含む緑黄色野菜）
⑧**曼珠沙華**（ヒガンバナの別名。秋のお彼岸のころに花が咲く）
⑨**桔梗**（紫色の花を咲かせる、秋の七草の一つ）
⑩**生姜**（根が薬味の定番になっている野菜）

⑤「芍薬」は、「しゃくやく」。日本には平安時代ごろに、薬草として伝わりました。

⑥「紫苑」の読み方は、「しおん」。中国語では「紫苑」と書き表し、日本語でも同じように書かれることがあります。「苑」を「おん」と読むのは、呉音です。

⑦「菠薐草」は、「ほうれんそう」。「菠薐」を「ほうれん」と読むのは唐音で、漢音で読むと「はろう」。もともとは、ネパールかイランあたりの地名に対して、中国で作られた〝読み当て字〟(113ページ)。その土地にゆかりがあるホウレンソウが、中国を経て日本に伝来したのは、江戸時代の初めごろのことです。

⑧「曼珠沙華」は、「まんじゅしゃげ」と読みます。元は、仏教で〝天界に咲く花〟を意味する梵語の「マンジュシャーカ」に対する〝読み当て字〟です。

⑨「桔梗」は、「ききょう」。古くは「きちこう」とも読まれましたが、「梗」の呉音は「きょう」。そこで、「きちきょう」が縮まって「ききょう」となったものと思われます。

⑩「生姜」の読み方は、「しょうが」。漢音で読めば「せいきょう」ですが、呉音では「しょうこう」。これは旧仮名遣いでは「しやうかう」なので、「しやうかう→しやうがう→しょうが→しょうが」と変化したのでしょう。

このように、植物の熟語では音読みが変化しているもの(85ページ)も目立ちます。

5
動植物を表す訓読み熟語

植物のススキのことを、〝花が動物の尾のように見える〟というところから「おばな」と呼ぶことがあります。この名前は、「お」と「はな（ばな）」のそれぞれを漢字の訓読みで表して、「尾花」と書かれます。

これは、訓読みを用いて動植物の名前を表す漢字熟語。ここでは、そういった例の中から、読み方がやや難しく感じられるものを見てみましょう。

①**頬白**（春、独特のさえずりを聞かせてくれる小鳥）
②**懸巣**（ほかの鳥の鳴き声や機械の音などをまねするのがうまい鳥）
③**鴨嘴**（平べったいくちばしを持つ、オーストラリア特有の哺乳類）
④**捩花**（初夏、茎のまわりにらせん状に小さな花を付ける草）
⑤**鳥兜**（根に猛毒を持つことで知られる草）

①「頬白」は、「ほおじろ」と読みます。〝頬の白さが目立つ鳥〟という意味合いです。

②「懸巣」の読み方は、「かけす」。ふつうに考えれば、〝巣を懸ける〟というのが名前の由来でしょう。

③「鴨嘴」は、「かものはし」。「嘴」は、ふつうは「くちばし」と訓読みする漢字。カモとアヒルは生物学的には実は同じ動物で、カモはいわゆるアヒル口をしています。「かものはし」という呼び名も、〝鴨のような嘴を持つ〟ところから付けられたのでしょう。

④「捩花」の読み方は、「ねじばな」。〝ねじったように花が付く〟のが由来。「捩」は「捩る（ねじる）」と訓読みします。

⑤「鳥兜」の読み方は、「とりかぶと」。伝統的な舞で使われる〝鳥の形をした兜《かぶと》〟に花の形が似ているところから、この名があります。

熟語で使われる訓読みの中には、特殊な訓読みや古い訓読みが混じっていることがあります（93ページ）。動植物の漢字にも、そういう例が見られます。

⑥岩魚（渓流釣りで人気がある魚）
⑦三椏（早春、独特の香りを放つ花を咲かせる落葉樹）
⑧苧環（初夏に咲く花がかわいらしく、園芸でも人気がある草）
⑨清白（大根の昔の呼び方）

⑩吾亦紅（秋、赤紫色の素朴な花を咲かせる草）

⑥「岩魚」は、「いわな」と読みます。「な」とは、古い日本語で〝魚〟のこと。「いわな」は、〝岩陰を泳ぐ魚〟といった意味合いで名づけられたものでしょう。

⑦「三椏」の読み方は、「みつまた」。「椏」は〝木の股〟を指す漢字なので、「また」と訓読みできます。ミツマタは、枝が必ず三つに分かれるのが特徴です。

⑧「苧環」は、「おだまき」。昔の日本語には、〝麻などの繊維から作った糸〟を表す「お」ということばがあり、漢字の「苧」にもその意味があるので、「苧」を「お」と訓読みします。一方、「たまき」は〝環状の腕飾り〟。〝苧を環状にまとめたもの〟に似た形の花を咲かせるのが、オダマキです。

⑨「清白」は、「すずしろ」。昔は、「清」を「すずしい」と訓読みすることもありました。「すずしい目元」といえば、〝さわやかな目元〟〝清らかな目元〟ですよね。昔の人は、大根の白さを〝清らか〟だと見たのでしょう。

⑩「吾亦紅」は、「われもこう」。「亦」は、漢文では〝Aに加えてBもまた〟という意味を表すところから、「また」「も」と訓読みされます。ただ、「われもこう」の由来は定かではなく、「吾亦紅」と書くのは〝読み当て字〟です。

6 動物熟語を日本語に翻訳する

「山羊」と書いて「やぎ」と読むのは、前章でご紹介した熟字訓（133ページ）。漢字の熟語を、一つ一つの漢字の読み方にはこだわらず、全体の意味を日本語に翻訳して読んでいます。

難読漢字の世界では、熟字訓は非常に大きなウェイトを占めており、動植物の漢字でも、難読だと言われるものの多くは熟字訓です。まずは、中国語にも存在する動物の名前を熟字訓として読む例から見てみましょう。

①啄木鳥（くちばしで木をつついて独特の音を立てる鳥）
②樹懶（のんびりしていると思われがちな、サルに似た動物）
③旗魚（剣のように長くとがった口が特徴的な、海の魚）
④海鞘（東北地方などで珍味として愛好される、海洋生物）
⑤蝸牛（渦巻き型の殻を背負って歩く、貝の仲間）
⑥泥鰌（口ひげが特徴的な、細長い形をした魚）

①「啄木鳥」は、「きつつき」と読みます。あるいは、少し古めかしい呼び方で「けら」と読んでも正解です。「啄」は、音読みでは「たく」。〝鳥がくちばしでつつきながらものを食べる〟ことを表す漢字で、訓読みでは「啄む（ついばむ）」と読みます。

②「樹懶」の読み方は、「なまけもの」。「懶」は、音読みでは「らん」、訓読みすれば「懶い（ものうい）」。「樹懶」は、〝樹木の上でものうそうにしている〟ことに由来しています。

③「旗魚」は、「かじき」。〝旗竿のように長い口〟をしているという意味合いでしょう。

④「海鞘」は、「ほや」。「鞘」は、「しょう」と音読みする漢字で、訓読みすると「さや」。ホヤの仲間には、刀の刃の部分を収める〝さや〟を思わせる形をしたものがいます。「海鞘」は、そこに着目して付けられた名前でしょう。

以上はすべて、どういう特徴を捉えて漢字の名前を付けたのかが、よくわかります。こういう例は、ほかにも「海豚（いるか）」「河豚（ふぐ）」「海月（くらげ）」「海星（ひとで）」「百足（むかで）」など、たくさんあります。

⑤「蝸牛」の読み方は、「かたつむり」。実は「蝸」だけでもカタツムリを表すのですが、それに「牛」が付け加えられているのは、ゆっくりと移動するところからでしょう。

⑥「泥鰌」は、「どじょう」。これも、「鰌」だけでもドジョウを指しますが、〝泥の中に

住んでいる〟ところから、「泥」が付け加えられています。

この二つは、その動物をダイレクトに指す一文字の漢字があるのに、それだけでは物足りないのか、その動物の特徴を表す漢字一文字が付け加えられている例です。

残りの四つは、同じ部首を含む二つの形声の漢字が結び付いてできているのが、特徴です。

⑦ **蜥蜴**（しっぽを切られても生きているのが有名な爬虫類）

⑧ **蟷螂**（鎌のような両手で餌をつかまえる昆虫）

⑨ **鴛鴦**（夫婦仲がいいとされている鳥）

⑩ **翡翠**（鮮やかな青緑色をした羽が美しい鳥）

⑦「蜥蜴」は、「とかげ」と読みます。音読みするとすれば、「せきえき」。「虫（むしへん）」を外せば、「析（せき）」と「易（えき）」ですよね。

⑧「蟷螂」は、熟字訓としては「かまきり」。一方、〝自分の能力をわきまえないで強敵に立ち向かう〟という意味の「蟷螂の斧」という慣用句のように、「とうろう」と音読みすることもあります。「當」は「当（とう）」の旧字体。「郎」は、微妙な違いですが「郎（ろう）」の旧字体です。

ちなみに、「虫（むしへん）」の漢字二つでできている動物漢字の熟字訓は、ほかにもたくさんあります。「蜻蛉（とんぼ）」「蜘蛛（くも）」「蝙蝠（こうもり）」「蜉蝣（かげろう）」「螻蛄（おけら）」「蚯蚓（みみず）」などがその例です。

⑨「鴛鴦」は、熟字訓としては「おしどり」。「えんおう」と音読みして使われることもあります。「宛」は、「苑（えん）」「怨（えん）」などにも含まれていて、「えん」という音読みを表します。「央」の音読みは、もちろん「おう」です。

⑩「翡翠」は、鳥の名前としては「かわせみ」と読みます。〝青緑色をした宝石〟を指す場合には、音読みして「ひすい」。「非」の音読みは、もちろん「ひ」。「卒」が「すい」という音読みを表す例としては、「粋（すい）」の旧字体「粹」や、「酔（すい）」の旧字体「醉」などがあります。

以上はすべて、もともとは中国語での動物の名前。これらのことばが日本に伝わった当初は、その中国語としての発音をまねして、音読みで読まれたことでしょう。しかし、日本人にとっては、無理して音読みで読むよりも、その動物を表す日本語で直接、読む方がはるかに楽ちん。熟字訓はそうやって生まれてきたのでしょう。

7 植物熟語を日本語に翻訳する

「薔薇」と書いて「ばら」と読むのは、とても有名。これも、中国語としての名前を熟字訓として読んでいる例です。ここでは、このタイプの植物漢字を取り上げます。

植物の名前を表す熟字訓には、「向日葵（ひまわり）」のように、漢字三文字になるものが多いのも、ちょっとした特徴です。

① **胡桃**（殻がとても硬いナッツの一種）
② **罌粟**（アヘンの原料となることで知られる植物）
③ **躑躅**（生垣などに植えられ、初夏、赤や紫の花を咲かせる植物）

①「胡桃」は「くるみ」と読みます。「胡」は、中国人から見て〝西の方に住む異民族〟を指す漢字。クルミについては、紀元前二世紀ごろ、シルクロードを探険した中国の武将が西の方から持ち帰ってきたという伝説があります。

②「罌粟」の読み方は、「けし」。「罌」は、〝お酒を入れる壺《つぼ》〟を指す漢字。「粟」は、「あわ」と訓読みし、穀物の一種。「罌粟」は、実の形が壺に似ていて、種はアワに似ているところから名づけられたと考えられます。

③「躑躅」は、「つつじ」。音読みすれば「てきちょく」で、「鄭（てい）」と「蜀（しょく）」に「⻊（あしへん）」を付けた、形声の漢字です。「躑」「躅」のそれぞれには実質的な意味はなく、中国語では二文字をまとめて〝動けないようす〟を表すことば。ツツジの仲間には毒を持つものがあり、動物が食べると動けなくなるのが植物の名前としての由来です。

④ **蕪菁**（ダイコンを丸くしたような野菜）
⑤ **蚕豆**（塩ゆでにしたり甘納豆にしたりして食べる豆）
⑥ **甜瓜**（メロンに似ているが、甘さは少し薄い夏の果物）

④「蕪菁」は、「かぶ」または「かぶら」と読みます。どちらで読んでも、同じ植物。「蕪」は、〝土地が荒れる〟という意味。「菁」は、〝葉っぱが青い植物〟。〝荒れた土地でも育つ、葉っぱが青い植物〟というところから、「蕪菁」という名前が付いたのでしょう。なお、日本語では「蕪」一文字でも「かぶ」と読む習慣があるので、結果として、「菁」は読み方

の上ではなくてもいいような漢字（152ページ）となっています。

⑤「蚕豆」は、「そらまめ」。日本語の「そらまめ」は、〝さやが空に向かって付く〟ことに由来すると考えられていて、ふつうに書けば「空豆」。同じ植物を、中国語では〝蚕《かいこ》のまゆに形が似ている豆〟という意味合いで、「蚕豆」と書き表します。そこで「蚕豆」を「そらまめ」と読めるわけで、「蚕」に「そら」という訓読みがあるわけではありません。ありもしない訓読みがあるように見える熟字訓（152ページ）です。

⑥「甜瓜」の読み方は、「まくわうり」。「甜」には〝甘い〟という意味があるので、中国語では〝甘い瓜〟というところから「甜瓜」と名づけたのでしょう。日本では、真桑村《まくわ》（現在の岐阜県本巣《もとす》市内）が産地として有名であったところから、「まくわうり」と呼ばれます。これまた、ありもしない訓読みがあるように見えるタイプです。

⑦百日紅（木肌がつるつるしていて、夏に花を咲かせる樹木）
⑧無花果（タルトやゼリーなど、デザートとして人気の果物）
⑨木天蓼（猫が匂いをかぐと酔ったようになるのが有名な樹木）
⑩山毛欅（新緑も紅葉も美しい、日本の原生林の代表的な樹木）

⑦「百日紅」は、「さるすべり」。約百日もの間、花を咲かせるところからの命名。白や紫の花もありますから、「紅」はその代表なのでしょう。一方、「さるすべり」は、木肌がつるつるしているので〝サルでも滑ってしまう〟という意味合いです。

⑧「無花果」の読み方は「いちじく」。花が咲かないまま実を結ぶように見えるところから。中国語では「映日果」という名前もあり、この音読み「えいじつか」が、「えいじつか→いじつか→いじちく→いちじく」と変化して日本語の名前になった、という説があります。

⑨「木天蓼」は、「またたび」と読みます。「蓼」は、「たで」と訓読みする、苦い草を表す漢字。中国語としての「木天蓼」の由来は〝味がタデに似ていて、高くそびえる樹木〟だとも言いますが、はっきりしません。

⑩「山毛欅」は、「ぶな」。漢字の方が読み方よりも文字数が多い熟字訓（153ページ）の一つ。日本語の場合は、「橅」という国字を使って一文字で表すこともあります。「欅」は、「けやき」と読む漢字。「山毛欅」とは、〝ケヤキに似ていて山地に生え、葉に毛がある樹木〟という意味だと言われています。

なお、漢字三文字で表される植物漢字の熟字訓としては、ほかに「牽牛花（あさがお）」「玉蜀黍（とうもろこし）」などもあります。

8 動植物の日本語名を漢字熟語で表す

動植物を表す熟字訓の中には、日本語での名前を漢字熟語の形で書き表した、和製の熟字訓（137ページ）もあります。特に日本列島近辺に特有の動植物は、中国語には該当する名前がないので、当然その対象となります。

そのほか、中国語に該当する名前があっても、日本人が独自に熟字訓を作り直した動植物もあります。

① **公魚**（凍った湖面に穴をあけて釣るのが有名な、淡水魚）
② **秋刀魚**（かつては庶民の味とされた、秋の味覚を代表する魚）
③ **馬酔木**（早春、ビーズをつなげたような花を咲かせる植物）
④ **軍鶏**（闘鶏で使われる、ニワトリの一種）
⑤ **翌檜**（未来志向の名前で人気がある、ヒノキに似た樹木）

① 「公魚」は、「わかさぎ」と読みます。この場合の「公」は、〝将軍〟のこと。江戸時

代に将軍家に献上される魚だったところから、こう書き表すと言われています。また、「わか」という読み方を生かして「鰙（わかさぎ）」と一文字で書く国字もあります。

②「秋刀魚」の読み方は、「さんま」。〝秋に旬を迎える、刀のような姿をした魚〟という意味合いです。

③「馬酔木」は、「あせび」または「あしび」と読みます。どちらで読んでも、指すのは同じ植物。アセビには毒があって、〝馬が食べると酔っ払ったようにふらふらする〟ところから、「馬酔木」と書き表されるようになりました。

以上の三つについては、現代の中国語でも、和製の「公魚」「秋刀魚」「馬酔木」を中国語読みして、ワカサギ、サンマ、アセビを表すのに使っています。

④「軍鶏」は、「しゃも」と読みます。東南アジアのシャム（現在のタイ）から輸入されて日本で改良された品種で、「しゃも」は「シャム」に由来します。漢字で「軍鶏」と書くのは、もともとは闘鶏専用の品種だったから。現代の中国語では「闘鶏」で表します。

⑤「翌檜」は、「あすなろ」。「あすなろ」の語源については、ヒノキに似ているけれど材質としてはやや劣るので、〝明日はヒノキになろう〟というところからだとする説が有名。「檜」は「ひのき」と訓読みする漢字なので、「翌檜」もこの説に基づく書き表し方です。「羅漢柏（あすなろ）」という熟字訓もありますが、本来は中国語。ただ、アスナロは日本

原産。中国語での「羅漢柏」は、もともとは〝ヒノキに似た樹木〟をまとめて表す名前だったかと思われます。

以下は、中国語にも呼び名があるのに、日本で改めて熟字訓を作った例です。

⑥**海老**（和洋中を問わず、食材としてよく使われる甲殻類）
⑦**時鳥**（夏の風物詩として、和歌や俳句にもよくうたわれる鳥）
⑧**土筆**（春、煮物にするのが定番のシダ植物の仲間）
⑨**鬼灯**（実がオレンジ色の風船のような萼《がく》に包まれている植物）
⑩**白膠木**（晩夏、白い小さな花を密集して咲かせる、ウルシの仲間）

⑥「海老」は、もちろん「えび」。体が「つ」の字型に曲がっているようすを〝老人〟にたとえたもの。エビを表す漢字としては、中国語には「蝦（か）」があり、また、日本でも国字「**蛯**（えび）」を使えば一文字で書き表すことができます。

⑦「時鳥」は、「ほととぎす」。「**杜鵑**（ほととぎす）」「**子規**（ほととぎす）」「**不如帰**（ほととぎす）」といった熟字訓もありますが、これらはすべて、元は中国での呼び名。「時鳥」だけは和製の熟字訓で、〝夏がやってきたという時を知らせる鳥〟という意味合いでし

ょう。中国語にも「時鳥」ということばはありますが、〃その時々に応じて鳴く鳥〃という一般的な意味となります。

⑧「土筆」の読み方は、「つくし」。由来は、〃土の中から生えてくる筆のような形をした植物〃。ツクシは、中国語では「筆頭草」と書き表されます。中国語での「土筆」は、〃白い土で穂を固めた筆〃を指します。

⑨「鬼灯」は、「ほおずき」と読みます。中国語での「鬼灯」は、いわゆる〃人魂《ひとだま》〃のこと。風船状になったオレンジ色の萼に実が包まれているホオズキの特徴を、日本では〃人魂〃にたとえて呼び名としたのでしょう。「酸漿（ほおずき）」という熟字訓もありますが、これは元は中国語。「漿」は、〃液体〃を表す漢字。実に〃酸っぱい液体〃が含まれているところからの命名です。

⑩「白膠木」の読み方は、「ぬるで」。「膠」は、「にかわ」と訓読みする漢字。ウルシと同じように樹液が白くぬるぬるしているので、それを接着剤に使われる〃にかわ〃にたとえて「白膠木」と書き表すようになったのでしょう。「ぬるで」の由来については、樹液が〃ぬるぬる〃しているからだとか、樹液を塗料として〃ぬる〃ところからだといった説があります。中国語では、「塩膚木」という名前が付いています。

9 日中異義の動植物熟語

交通手段がまだ発達していなかった時代には、中国大陸で実際に生息している動植物を日本人が目にすることはまれでした。そのため、漢字で書き表される動植物の名前の中には、何らかの理由で日本人が解釈を取り違えて、中国語とは別の動植物を指すようになったものがあります。

先に漢字一文字の国訓の例を紹介しましたが(162ページ)、ここでは、複数の漢字からできている熟語について、見てみましょう。

① **芙蓉**(夏に咲く、ピンクや白の大ぶりな花が愛される植物)
② **栴檀**(古くは「おうち」と呼ばれた、初夏に花を咲かせる樹木)
③ **石楠花**(ひときわ大ぶりの花を咲かせる、ツツジの仲間)
④ **金鳳花**(春、茎の先に小さな黄色い花を付ける草)

①「芙蓉」は、「ふよう」。中国語では、水の上に咲く〝ハスの花〟を指して使われます。

②「栴檀」の読み方は、「せんだん」。中国語ではビャクダン（白檀）という香木《こうぼく》のこと。ただし、日本語でも、〝すぐれた人物は幼いころからすぐれている〟ことを表す「栴檀は双葉より芳《かんば》し」ということわざに出て来る「栴檀」は、ビャクダンのことです。

③「石楠花」は、「しゃくなげ」と読む、呉音読み（66ページ）する熟語。中国語で指しているのは、オオカナメモチという植物です。

④「金鳳花」は、「きんぽうげ」。「花（け〈げ〉）」だけが呉音で、あとは漢音。中国語では、鮮やかなオレンジ色の花が特徴的なオウコチョウという熱帯性の植物を表しています。

以上の四つは、音読みで読む熟語。以下は、熟字訓で読む熟語です。

⑤土竜（地中にトンネルを掘って暮らす哺乳類）
⑥沙魚（初心者でも比較的釣りやすく、人気のある魚）
⑦辛夷（早春に白い花を咲かせる樹木）
⑧満天星（白く小さな花をたくさん咲かせる、ツツジの仲間）
⑨羚羊（主に山岳地帯に生息する、ヤギの仲間）
⑩菖蒲（カキツバタと見分けが付きにくいとされる植物）

⑤「土竜」の読み方は、「もぐら」。中国語では、〝長江に生息するワニの仲間〟を指して使われます。モグラは、中国語では「鼹鼠（音読みするなら「えんそ」）」という難しい漢字で書き表されます。

⑥「沙魚」は、「はぜ」。中国語ではサメを指して使われます。

⑦「辛夷」は、「こぶし」と読みます。中国語では、モクレンのことを言います。

⑧「満天星」は、「どうだん」と読んでドウダンツツジを表します。一方、中国語での「満天星」は、シュッコンカスミソウという、いわゆるカスミソウのことです。

⑨「羚羊」は、日本語の熟字訓では「かもしか」と読みます。一方で、中国語ではアンテロープという一群の動物を指すので、日本語でも、その場合には「れいよう」と音読みして区別しています。

⑩「菖蒲」は、日本語の熟字訓では「あやめ」。しかし、中国語でこの漢字熟語が表しているのは、〝サトイモの仲間〟。日本語でも、「しょうぶ」と音読みした場合にはこの植物を指します。

「羚羊」や「菖蒲」は、熟字訓でも音読みでも読めて、読み方によって指す動植物が異なる、いわば両刀遣いの熟語です（143ページ）。

10 『万葉集』の動植物漢字を読んでみよう

以上に見てきたように、現代の日本語では、音訓や当て字・熟字訓などを駆使して、動植物の名前を漢字で書き表しています。では、漢字が日本に伝わってきた当初はどうだったのでしょうか？

ここでは、奈良時代にまとめられた『万葉集』で使われている動植物の漢字の中から、現在でも用いられることがあるものを見てみましょう。

① **蟋蟀**（秋に涼しげな声で鳴く虫）
② **黄楊**（櫛《くし》の材料として使われる樹木）
③ **萱草**（悩みや憂いを忘れさせてくれるという草）
④ **百舌鳥**（餌を枝に突き刺しておくことで有名な鳥）

①「蟋蟀」は、「こおろぎ」と読みます。これは、中国語の熟語に由来する熟字訓。ただし、当時の「こおろぎ」はキリギリスなども含んでいたようです。そのため、後には「蟋

蟀」と書いて「きりぎりす」と読む熟字訓も登場することになります。

②「黄楊」は、「つげ」。これも、中国語に由来しています。「柘植（つげ）」は、後の時代に生まれた、和製の熟字訓です。

③「萱草」の読み方は、「わすれぐさ」。これも中国語に由来する熟字訓で、「萱」に「わすれる」という訓読みがあるわけではありません。現在の日本語では、音読みで「かんぞう」と読むこともありますが、同じ植物です。

④「百舌鳥」は、「もず」と読みます。これも、中国語に由来しています。「百舌」の二文字だけで「もず」と読むこともありますが、三文字の「百舌鳥」の場合は、読み方の方が漢字より文字数が少ない熟字訓となります。また、「もず」は、「鵙」や「鶪」の一文字で書き表すこともできるという、なんともフレキシブルな鳥の名前です。

『万葉集』では、ある同じ動植物の名前を、時には訓読みや熟字訓で書き表したり、時には万葉仮名で書き表したりしています。その二つの書き表し方を対照させながら見てみましょう。カッコ内が万葉仮名の例です。

⑤鶯（宇具比須など）　⑥橘（多知婆奈など）

⑦芒（為酢寸など）　⑧年魚（阿由など）

⑨瞿麦（奈泥之故など）　⑩霍公鳥（保等登芸須など）

⑤「鶯」は、「うぐいす」。万葉仮名で「比」が使われているのは、旧仮名遣いでは「うぐひす」だからです。

⑥「橘」は、「たちばな」と読みます。

⑦「芒」は、「すすき」。中国語としての「芒」にはススキを指す用法はなく、国訓です。万葉仮名で「為」を「す」と読んでいるのは、「為」の意味〝する〟を表す古語「す」から。「寸」を「き」と読んでいるのは、当時の日本語で〝馬の背の高さを測る単位〟として使われる「き」ということばがあったのを、漢字の「寸」で書き表したところから。どちらも古い時代の訓読みです。なお、ここで挙げた万葉仮名の中では、「為酢寸」だけが訓読みを用いたもので、ほかはすべて音読みです。

⑧「年魚」の読み方は、「あゆ」。〝一年経つと生まれた川に戻ってきて産卵する〟ことに由来する、日本で作られた熟字訓です。なお、『万葉集』では「鮎（あゆ）」も使われていますが、中国語では「鮎」はナマズを表すので、これも国訓。おそらく、〝ある天皇がアユを使って戦いの結果を占った〟という言い伝えをもとに、日本人が国字のつもりで独自に生み出した「鮎」に対して、たまたま中国語で同じ形の漢字があったのでしょう。

⑨「瞿麦」は、「なでしこ」と読みます。中国語としての「瞿麦」は、ナデシコと似たセキチクを指すので、これは、日中異義の熟字訓。日本語でも、「くばく」と音読みで読んでセキチクを指すことがあります。ちなみに、『万葉集』では「撫子（なでしこ）」という書き表し方はまだ使われていません。

⑩「霍公鳥」は、「ほととぎす」。このころの「ほととぎす」には、ホトトギスだけではなくカッコウも含まれていました。「霍公」は音読みすると「かっこう」なので、カッコウの鳴き声に由来する日本語独自の熟字訓だと思われます。先に挙げた「時鳥」なども含めて（182ページ）、この鳥の名前の書き表し方の多さには、驚かされます。なお、万葉仮名で「芸」を「ぎ」と読んでいるのは、漢音でも呉音でもありません。もっと古くに伝わった音読みに基づいているのではないかと思われます。

このように見てみると、日本人は『万葉集』の時代から、漢字一文字を訓読みするだけでなく、熟字訓をもよく用いていたことがわかります。しかも、①～④で見たような中国由来のものだけではなく、⑧～⑩のような独自の熟字訓も編み出しているのです。

熟字訓は、日本語を漢字で書き表そうとする試みのごく早い段階から採用されてきた、重要な方法なのだと言えるでしょう。

11 外来語の動植物を表す漢字

この章の最後に、動植物の名前を表す外来語のうち、漢字で書き表されるものを見ておきましょう。

第Ⅲ章の最初の方で取り上げたように、外来語を表す漢字には、その外来語の発音を漢字の音訓を使って表す〝読み当て字〟と、その外来語が指すものを漢字の意味を使って表す〝意味当て字〟があります。動植物の場合、中国で作られた〝意味当て字〟を熟字訓として読むものが目立ちます。

①**海狸**（木を使ってダムを造ることで有名な、水辺に住む哺乳類）
②**海象**（長い牙が印象的な、海に住む大型の哺乳類）
③**金糸雀**（鳴き声が美しいので、愛玩用として人気のある鳥）
④**鳳梨**（黄色くて甘い果肉がおいしい、トロピカル・フルーツ）
⑤**茉莉花**（濃厚な香りを放つ花を、煮出してお茶にする植物）

①「海狸」は、「ビーバー」と読みます。「狸」は「たぬき」と訓読みする漢字なので、タヌキに似た動物という意味合い。「海」が付いているのは、海辺にだけ生息していると誤解したものかと思われます。「ビーバー」は、英語からの外来語です。

②「海象」の読み方は、「セイウチ」。体の大きさと長い牙からゾウを連想した〝意味当て字〟でしょう。「セイウチ」は、元はロシア語です。

③「金糸雀」は、「カナリア」。代表的な色が黄色なので、それを〝金の糸で作られているようだ〟とたとえたものでしょうか。「カナリア」は、スペイン語に由来します。

④「鳳梨」は、「パイナップル」と読みます。「鳳」は、「おおとり」と訓読みする漢字で、〝偉大な王の時代に現れるという、伝説上の鳥〟。パイナップルの果実の見た目の立派さを「鳳」にたとえ、ジューシーさを「梨」で表現したものでしょうか。「パイナップル」は、英語からの外来語です。

⑤「茉莉花」は、音読みでは「まつりか」ですが、熟字訓としては「ジャスミン」。ジャスミンはインドの原産で、梵語では「マリカー」と呼ばれました。それに中国で〝読み当て字〟をしたのが、「茉莉花」。一方、ペルシャ語での呼び名が英語経由で日本に伝わったのが、「ジャスミン」です。その二つが日本で結び付き、「茉莉花」を熟字訓として「ジャスミン」と読んでいるという次第です。

以上の五つは、いずれも元は中国語。外来語の動植物名を表す漢字のほとんどは、これらと同じく、中国での呼び名を熟字訓として外来語で読むものです。それに対して、漢字の音訓を使って外来語の発音を書き表した〝読み当て字〟は、少数派です。

⑥**忽布**（ビールの原料として有名な植物）
⑦**儒艮**（人魚の正体だと言われることがある、海に住む哺乳類）
⑧**風信子**（球根を水栽培することも多い、春を代表する洋花）

⑥「忽布」は、「ホップ」。ふつうに音読みすれば「こっぷ」ですので、「ホップ」と読ませるのは中国南部の方言によるものかと思われます。

⑦「儒艮」は、「ジュゴン」と読みます。「儒」の音読みは「じゅ」、「艮」の音読みは「こん」。マレー語でこの動物を指す「デューユン」が変化した「ジュゴン」に対して、おそらくは中国南部の方言で〝読み当て字〟をしたものです。

⑧「風信子」の読み方は、「ヒヤシンス」。オランダ語と英語が混ざったような外来語「ヒヤシンス」に対して、おそらく明治時代の日本で作られた当て字。「風」を「ヒヤ」と読ませるのには無理がありますが、「風信子」より前に「飛信子」という〝読み当て字〟もあ

ったので、それを変化させたものでしょう。「風信《ふうしん》」とは、〝風のたより〟という意味のれっきとした熟語です。

最後に二つ、外来語ではなく日本のことばではありますが、アイヌ語に由来する動物名を表す漢字を挙げておきましょう。

⑨ **柳葉魚**（卵をみごもった雌を、干物にして食べるのが定番の魚）
⑩ **猟虎**（石を使って貝などを割って食べる、海に住む哺乳類）

⑨「柳葉魚」の読み方は、「ししゃも」。アイヌ語で〝柳の葉〟を意味する「スサム」が語源だと考えられていますから、それを漢字に翻訳した〝意味当て字〟。〝柳の葉のように細長い魚〟という意味合いでしょう。

⑩「猟虎」は、「らっこ」と読む、日本で作られた当て字です。ふつうに音読みすると「りょうこ」なので、響きにやや隔たりはありますが、〝読み当て字〟に分類しておきましょう。中国語では〝ラッコ〟のことを「**海獺**」と書き表すので、日本語でもこの二文字で「らっこ」と読むこともあります。この場合は、中国語に由来する熟字訓だということになります。前にも出てきましたが「獺」は、「かわうそ」と訓読みする漢字です。

第V章

難読地名の世界を散策する

日本の地名には、初めて見る人には読み方が非常にわかりにくいものが少なくありません。動植物の名前と並ぶ、難読漢字の宝庫だと言えるでしょう。

難読地名では、音読みや訓読みがさまざまに変化して使われます。また、〝意味当て字〟的にその地名を表そうとしているものや、読み方も意味も超越した漢字の使い方をしているものもあります。いわば、究極の難読漢字の世界を見ることができるのです。

1 難しい漢字を使った地名

地名の中には、ほかではめったに見かけない、独特の漢字を用いたものがあります。そういう漢字は、いかにも難読だと感じられますよね。

とはいえ、いわゆる〝難しい漢字〟を使った地名は、その漢字の読み方としては素直な音読みか訓読みのどちらかであることが多いものです。ここでは、そういった例を見てみることにしましょう。

①大鰐（青森県の町）　②嬬恋（群馬県の村）
③羽咋（石川県の市）　④菰野（三重県の町）
⑤長瀞（埼玉県の町）　⑥橿原（奈良県の市）
⑦椈島（群馬県前橋市内）

①「大鰐」は、「おおわに」と読みます。「鰐」は、大型の爬虫類、ワニを表す漢字。「わに」と読むのは訓読みです。

②「嬬恋」は、「つまごい」。「嬬」は〝妻〟を指す漢字なので、「つま」は訓読みです。

③「羽咋」は、「はくい」と読みます。「咋」には〝食べる〟という意味があり、「くう」と訓読みします。

④「菰野」の読み方は、「こもの」。「菰」は、マコモという植物を指す漢字。日本語で一般に「こも」と呼ぶので、それが訓読みとなっています。

⑤「長瀞」の読み方は、「ながとろ」。「静」は、「靜」の旧字体。「瀞」は、中国語としては〝けがれのない〟という意味ですが、日本語では〝水の流れが静かなところ〟と解釈して、そんな場所を指す日本語「とろ」を国訓（31ページ）として用いています。

⑥「橿原」は、「かしはら」。中国語での「橿」はモチノキを表しますが、日本語ではカシノキを指して使います。「かし」と読むのは、国訓です。

⑦「椨島」は、「ぬでじま」と読みます。「椨」は、日本で独自に作られた国字（35ページ）。「ぬで」とは、「ぬるで」の省略形で、ヌルデの木のことです。

ここまではすべて、訓読みの地名。地名漢字の世界では、訓読みの方が優勢です。音読みはもともとは中国語で訓読みは日本語であることを思い返せば、日本の地名を書き表すのに音読みよりも訓読みがよく使われるのは、当然のことと言えましょう。

とはいえ、音読みで読む地名ももちろんあります。その中から、難しい漢字を使ったものを少し見ておきましょう。

⑧ 匝瑳（千葉県の市）　⑨ 邇摩（島根県にあった郡）
⑩ 珸瑤瑁（北海道根室市内）

⑧「匝瑳」は、「そうさ」と読みます。「匝」は、〝ぐるっと回る〟ことを表す漢字で、「そう」と読むのは音読み。「瑳」の方は、「切瑳琢磨《せっさたくま》（切磋琢磨）」という四字熟語で使われるので、なじみがある人もいらっしゃるでしょう。
⑨「邇摩」は、「にま」。「邇」は〝近い〟という意味の漢字。「に」と読むのは音読みです。
⑩「珸瑤瑁」の読み方は、「ごようまい」。「珸」も「瑤」も「瑁」も、ある種の宝石に関係する意味を持つ漢字です。もともとはアイヌ語の地名なので、部首が共通する漢字をそろえて、音読みで〝読み当て字〟（113ページ）をしたものでしょう。
北海道の難読地名のほとんどは、アイヌ語に〝読み当て字〟をしたものです。とはいえ、それはアイヌ語に限らず日本語の難読地名についても言えることで、特に音読みの難読地名には〝読み当て字〟が多く、漢字にはさほど意味はないものがほとんどです。

2 やさしい読み方の意外な組み合わせ

一文字ずつ取り出せばごくふつうの漢字のごくありふれた読み方なのに、ほかではまず見かけない組み合わせの漢字になっている。――そんな例が多いのも、地名の漢字の特徴です。

そういう地名は、地元の人にとっては読めて当たり前。しかし、初めて見る人からすると、どう読めばいいのかとまどってしまうのです。

①伊具（宮城県の郡）　②入善（富山県の町）
③飯能（埼玉県の市）

①「伊具」は、「いぐ」。「伊（い）」も「具（ぐ）」も、ふつうの音読みです。
②「入善」は、音読みで「にゅうぜん」と読みます。
③「飯能」の読み方は、「はんのう」。これまた、どちらの漢字も音読みです。
以上のような地名を初見で自信を持って読める人は、あまりいないのではないでしょうか。

これらに対して、訓読みで読む地名の例としては、次のようなものがあります。

④ **射水**（富山県の市）　⑤ **門真**（大阪府の市）
⑥ **八女**（福岡県の市）　⑦ **児湯**（宮崎県の郡）

④「射水」は、「いみず」と読みます。「射る」と書いて「いる」と訓読みしますよね。
⑤「門真」の読み方は、「かどま」。「門」を「かど」と読むのは、「笑う門には福来たる」ということわざがあるように、れっきとした訓読みです。
⑥「八女」は、「やめ」。「や」は「八つ」の「や」。「め」は、「女神《めがみ》」「乙女《おとめ》」の「め」。どちらも訓読みです。
⑦「児湯」は、「こゆ」と読みます。「児」は〝こども〟を意味する漢字。「こ」と訓読みして昔からよく使われてきました。
このほか、音読みと訓読みを混ぜて読む重箱読み・湯桶読み（101ページ）の形になっている地名もあります。

⑧ **竜飛**（青森県にある岬）　⑨ **野洲**（滋賀県の市）

⑩落雷（徳島県阿南市内）

⑧「竜飛」の読み方は、「たっぴ」。「竜（たつ）」は訓読み、「飛（ひ）」は音読みです。
⑨「野洲」は、「やす」。「野（や）」は音読み、「洲（す）」は訓読みです。
⑩「落雷」は、「らくらい」と音読みしたくなりますが、ここの地名では「おちらい」と湯桶読みをしています。

これらの地名の中には、きちんとした由来が伝えられているものもあります。たとえば、〝神様の子どもが使った産湯がある〟から「児湯」だというのがその例です。ただ、漢字の読み方から見る限りでは、意味はそっちのけで読み方だけを当てはめた〝読み当て字〟が多いのではないか、と思われます。

特に、漢字が日本で使われるようになるよりも前からあった古い地名では、漢字での書き表し方は、当然ながら後から考え出されたもの。その際、地名の由来にふさわしい意味を持つ漢字が選ばれることもあったでしょうが、いつもそううまくいくとは限りません。

古くからある地名であればあるほど、〝読み当て字〟である可能性が高いのです。地名について考える際には、そのことを心に留めておくべきでしょう。

3

地名に残る特殊な訓読み

訓読みとは〝翻訳読み〟ですから（20ページ）、意味さえ間違っていなければさまざまな読み方が可能です。そこで、地名の漢字の見慣れない読み方の中にも、実は訓読みとしてきちんと位置づけられるものもあります。

また、現在では使われなくなった古語としての読み方も見られます。難読地名を掘り下げると、日本語の広がりが見えてくるのです。

①八街（千葉県の市）　②枚方（大阪府の市）

③宗像（福岡県の市）　④肝属（鹿児島県の郡）

①「八街」の読み方は、「やちまた」。「ちまた」とは、〝多くの人が行き来する場所〟。ふつうは「巷」と書いて、「巷のうわさ話」のように使います。「街」は、一般的には「まち」と訓読みする漢字ですが、「繁華街」「商店街」など、やはり〝多くの人が行き来する場所〟を表すので、「ちまた」と訓読みすることもできるのです。

②「枚方」は、「ひらかた」と読みます。「枚」は、言うまでもなく「まい」と音読みして、〝薄く広がるものを数えることば〟。一方、「ひら」も、「ひとひらの雲」のように、〝薄く広がるものを数えることば〟として使うことがあります。

③「宗像」の読み方は、「むなかた」。「画像」「銅像」のように使う「像」とは、〝何かの形を表現したもの〟。「形」を「かた」と訓読みすることもあるように、「かたち」と「かた」はほぼ同じ意味。というわけで、「像」を「かた」と訓読みしてもいいのです。

④「肝属」は、「きもつき」。「属する」とは、〝何かにくっついて存在している〟ということ。とすれば、「つく」「つき」と訓読みしてもおかしくはありません。ただ、この読み方はあまり一般的でないからか、現在では、郡の名前は「肝属」でも、その中にある町の名前は「肝付」と書き表すようになっています。

⑤象潟（秋田県にかほ市内）　⑥大甕（茨城県日立市の駅）
⑦坂祝（岐阜県の町）　⑧御調（広島県尾道市内）

この四つは、古語に当たる訓読みを含む地名です。

⑤「象潟」は、「きさかた」と読みます。「きさ」は、動物のゾウを指す古語。野生のゾ

ウは日本列島には生息していませんが、奈良時代のころには、珍獣として外国から輸入されることがあったようです。

⑥「大甕」は、「おおみか」。「甕」は、〝液体を入れるための大きな壺《つぼ》〟を指す漢字。ふつうは「かめ」と訓読みします。この〝かめ〟のことを、昔は「みか」と呼んだのでした。

⑦「坂祝」の読み方は、「さかほぎ」。古語では、〝お祝いを言う〟ことを「ほぐ」と表します。その活用形が、「ほぎ」。現在でも、ちょっと古めかしい言い方で「ことほぐ」などと使うことがありますよね。

⑧「御調」は、「みつぎ」と読みます。これは、私たちが使う「貢ぎ物」ということばの「みつぎ」と、由来は同じ。この場合の「つぎ」とは、〝税として差し出すもの〟を意味する古語です。一方、「調」にも、〝税として差し出すもの〟を指す用法があります。日本史の授業で、古代の税に「租《そ》」「庸《よう》」「調《ちょう》」の三種類があったと習った人もいるでしょう。あの「調」がそれです。

最後に、方言に由来する訓読みを含む地名を二つだけ挙げておきましょう。

⑨ **潮来**（茨城県の市）　⑩ **西表**（沖縄県竹富町内）

⑨「潮来」の読み方は、「いたこ」。この地域の方言では、満ち引きする〝潮〟のことを「いた」と言うそうです。

⑩「西表」は、「いりおもて」。西は〝太陽が入る〟方角なので、沖縄方言では〝西〟のことを「いり」と言います。

ここで取り上げたような特殊な訓読みは、実はよく知られた地名の中にも隠れています。たとえば、「足利（あしかが。群馬県の市）」は、姓としても有名なので〝難読〟だとはまず感じられないでしょう。しかし、「利」を「かが」と読む理由をご存じでしょうか？それは、「かが」とは〝利益〟を意味する古語だからです。

あるいは、「鳴門（なると。徳島県の市）」は渦潮で知られていますから、多くの人がごくふつうに読めてしまいます。では、この「門」を「と」と読むのはなぜでしょうか？それは、もともと「と」とは〝出入り口〟を指す日本語だから。「戸」の訓読みとして使われるのはそのためで、「門」もその一種だと考えても間違いではないのです。

この二つの地名を難読だという人は、あまりいないことでしょう。つまり、漢字で書き表されるあることばを難読と感じるかどうかは、結局は、見慣れているかどうかに大きく影響されるもの。なじみのない漢字や読み方に接して難しいと感じるのは、当たり前なのです。難読地名は、そのことをよく表しています。

4 訓読みの変化は地名をも難しくする

難読漢字の中には訓読みの変化形が見られることは、第Ⅱ章でお話ししました（97ページ）。ある音が別の音に置き換わる音便《おんびん》や、ある音が省略されてしまう現象などです。

訓読みの変化は地名の漢字でも生じていて、難読地名が生じる原因の一つとなっています。具体的に見てみましょう。

① **幸手**（埼玉県の市）
② **焼津**（静岡県の市）
③ **富田林**（大阪府の市）
④ **神島**（岡山県笠岡市内）
⑤ **大任**（福岡県の町）

①「幸手」は、「さって」と読みます。「幸」の訓読みが、「さち→さっ」と変化しています。「っ」に置き換わる音便、促《そく》音便の例です。

②「焼津」は、「やいづ」。「焼」の訓読みが「やき→やい」と変わる、イ音便の例です。

③「富田林」の読み方は、「とんだばやし」。ふつうには「とみ」と読む「富」を「とん」と読んでいます。「ん」に置き換わる音便は、撥《はつ》音便と呼ばれます。

④「神島」は、「かみしま」と読む地名もありますが、この地名では「こうのしま」と読みます。「神」の訓読み「かみ」がウ音便によって「かう」になり、さらに「かう（kau）→こう（kou）」と、連続する母音ａｕがｏｕへと変化しています。

⑤「大任」は、「おおとう」と読みます。これも、ウ音便が生じたあとに連続する母音が変化している例。「任」はふつうは「まかせる」と訓読みしますが、〝ある仕事を任せられる〟ところから〝ある仕事に耐えられる〟という意味にもなります。その「たえる」の古語が「たふ」。「任」を「とう」と読むのは、「たふ→たう（tau）→とう（tou）」と変化した結果です。

⑥**石和**（山梨県笛吹市内）　⑦**尾鷲**（三重県の市）

⑧**小鎌**（岡山県赤磐《あかいわ》市内）　⑨**鏡島**（岐阜県岐阜市内）

⑩**若桜**（鳥取県の町）

続く三つは、単独の母音が置き換わっている例です。

⑥「石和」は、「いしわ」ではなく「いさわ」と読みます。「いし（isi）」の終わりの母音iがaに置き換えられて、「いさ（isa）」になっています。

⑦「尾鷲」は、「おわせ」。「鷲」の訓読み「わし（wasi）」の母音・iがeに置き換えられて、「わせ（wase）」と読まれています。

⑧「小鎌」は、「おがま」ではなくて「おがも」。「がま（gama）」の母音が置き換わって「がも（gamo）」になっています。

残りの二つは、音が省略されている例。訓読みの後半がなくなっています。

⑨「鏡島」は、「かがしま」と読みます。「かがみ」の「み」がありません。

⑩「若桜」は、「わかさ」。こちらは、「さくら」の「さ」だけしか読まれていません。

こういった難読地名について考える際に気をつけないといけないのは、これらも〝読み当て字〟かもしれない、ということです。たとえば、もともと「石和」と書いて「いしわ」と読む地名だったものが変化して「いさわ」になったのか、元から「いさわ」だったところに無理矢理「石和」と〝読み当て字〟したのかは、よく調べないと判断できません。

地名の漢字には、常にこの両方の可能性があります。そのため、漢字の意味だけに注目してその由来を考えると、見当外れの結論を導き出してしまうことがあるのです。

5 複数の漢字をまとめて読む地名

「日向（ひゅうが。宮崎県の市）」は、「ひむか→ひうが→ひゅうが」と変化した読み方。「日」と「向」の読み方が一体となっていて、切り離すことはできません。また、複数の漢字をひとまとまりにして、全体の意味によってあることばを表す〝意味当て字〟（114ページ）のような地名もあります。

こういった一体型の地名も、難読地名の一つのパターンです。

①手向（山形県鶴岡市内）　②石動（富山県小矢部《おやべ》市内）
③宍粟（兵庫県の市）　④塩飽（香川県にある諸島）
⑤穴太（滋賀県大津市内）

①「手向」は、「とうげ」と読みます。ふつうは「たむけ」と読むところを、「たむけ→たうげ（tauge）→とうげ（touge）」と変化したものでしょう。二つの漢字の読み方が結び付いた結果、母音が連続するａｕの形になり、それがｏｕに変わったという次第です。

②「石動」の読み方は、「いするぎ」。〝うごく〟ことは〝ゆらぐ〟こととほぼ同じ。そこで「ゆらぐ」の古語「ゆるぐ」を使い、「動」を「ゆるぎ」と訓読みして、「いしゆるぎ」。その「し」と「ゆ」がつながり「しゅ→す」と変わった結果、「いするぎ」と読むことになったのでしょう。

③「宍粟」は、「しそう」と読みます。「宍」は、「肉」の字形が崩れた漢字。古語で〝肉〟を「しし」と言うところから、「しし」と訓読みします。一方、「粟」は、穀物のアワを意味する漢字で、訓読みは「あわ」ですが旧仮名遣いでは「あは」となります。この二つを合わせて、「ししあは」というのが、「宍粟」の本来のものと思われる読み方。ここから、「ししあは→しさは→しさう→しそう」と変化しているという次第です。

④「塩飽」は、「しわく」。「飽」は、現在では「あきる」と訓読みしますが、古語では「あく」。そこで、「しおあく」の「お」と「あ」が溶け合って「しわく」となっています。

⑤「穴太」の読み方は、「あのう」。これは、ふつうに考えれば「あなふと」と読むべきところですが、最後の「と」が省略されて「あなふ」。それが「あなふ→あなう→あのう」と変化したものだろうと思われます。

残りの五つは、〝意味当て字〟的な地名です。

⑥不来方（岩手県盛岡市の旧称）
⑦曲路（岐阜県北方《きたがた》町内）
⑧満水（静岡県掛川市内）
⑨特牛（山口県下関市内）
⑩英彦山（福岡・大分県境の山）

⑥「不来方」は、「こずかた」。「不来」とは〝来ない〟という意味を表す中国語。日本語では「こず」とも翻訳できるので、「こず」の書き表し方として採用しています。

⑦「曲路」は、「すじかい」と読みます。普通名詞としての「すじかい」とは、漢字で書けば「筋交い」で、〝柱や道などが交差したり、途中で大きく折れ曲がったりしている〟ことを表します。そこで、この地名では、〝曲がった路〟というところから「曲路」と書き表しているわけです。

⑧「満水」の読み方は、「たまり」。これは、〝水がたまる〟ことを〝水がいっぱいになる〟ことだと捉えて、「満水」という漢字二文字で書き表すことにしたものでしょう。

⑨「特牛」は、「こっとい」と読みます。もともと、〝重い荷物を運ぶ牛〟のことを指す「ことい」という古語がありました。それは〝特別な牛〟だからというわけで、〝意味当て字〟をしたのが「特牛」。この地名がはたしてその牛と関係があるのかどうかはわかりませんが、「こっとい」を書き表すのにその「特牛」を用いているというわけです。

⑩「英彦山」は、「ひこさん」と読みます。「彦」とは、現在では男性の名前くらいでしか用いられませんが、本来は〝すぐれた男性〟を指す漢字。訓読み「ひこ」は、その意味を表す古語です。ですから、「ひこさん」の「ひこ」を書き表すには、「彦」だけで十分。しかし、日本の地名では昔から、漢字二文字にするのが最も落ち着くと考えられてきました。そこで、「英雄」という熟語があるように〝すぐれている〟という意味がある「英」を、「彦」の上に重ねたのでしょう。「英彦」でも〝すぐれた男性〟という意味はさほど変わりません。

地名を漢字二文字にするというのは、実は根深い習慣です。平安時代には、地名はいい意味を持つ漢字二文字で書き表すように、という国からのお達しが出たことがありました。その結果、大阪府南部の古い呼び方「いずみ」は、「泉」だけで十分なのに、わざわざ「和」という一文字を足して「和泉」と書かれるようになりました。

逆の例が、栃木県の古い呼び方「下野（しもつけ）」。これは、本来は「下毛野（しもつけの）」という地名でしたが、二文字にするために「毛」を省いてしまったのです。その後、読み方からは「の」の方が省略された結果、「野」を「け」と読むように見える難読地名となりました。なお、この場合の「つ」は、現代語の「の」にあたることばです。

昔の日本人の漢字の使い方は、まことに融通無碍。特に地名の漢字には、そのことがよく現れています。

6 一筋縄では読めない地名もある！

「飛鳥（あすか。奈良県を流れる川）」は、「飛ぶ鳥の」が地名「明日香（あすか）」の枕詞であるところから生まれた書き表し方。漢字の音訓や意味だけをどんなにいじくり回しても、読み方を導き出すことはできません。

難読地名で最も極端なものは、このタイプ。読み方を知らない人には読めっこないという、ほとほと困った地名です。

①及位（秋田県由利本荘市内）

②六合（群馬県中之条町内）

③千両（愛知県豊川市内）

④太秦（京都府京都市内）

⑤私市（大阪府交野《かたの》市内）

⑥国東（大分県の市）

①「及位」は、「のぞき」と読みます。なんでも、ここの近くの山の中で、見るのも怖ろしいような場所を〝のぞく〟修行をしたお坊さんが、出世して〝高い位に及んだ〟のだとか。本当かどうかはわかりませんが、おもしろい由来です。

②「六合」の読み方は、「くに」。中国の古い書物によれば、「六合」とは〝東西南北と天地の六つ〟のこと。そこから、〝この世界そのもの〟を指すようになり、また〝皇帝が支配する広大な世界〟をも表します。それを日本に置き換えると、〝天皇が支配する世界〟。それはつまり〝国〟だから、「くに」と読むというわけです。

③「千両」は、「ちぎり」と読みます。伝説によれば、このあたりで飼われていたある犬が蚕《かいこ》を食べたところ、その鼻の穴から何千両にもなる絹糸が出てきたので、「千両」という地名を付けたのだとか。漢字の由来がそうだとすると、読み方の「ちぎり」はおそらく〝はた織り機で絹糸を巻き取るための部品〟のことで、辞書では「ちきり」として載せているものではないでしょうか。これまたおもしろい由緒ですが、真偽のほどはわかりません。

④「太秦」は、「うずまさ」。「秦」は、音読みでは「しん」と読む、中国の昔の王朝の名前。訓読みでは「はた」と読み、昔の日本で、中国から渡ってきた人々のうち、〝はた織り〟の高い技術を持っていたグループの呼び名として使われました。地名の「太秦」は、その人たちが住んでいた場所。「太」は、〝立派な〟といった意味でしょう。それを「うずまさ」と読むのは、彼らが天皇から「うずまさ」という姓を戴いたから。その「うずまさ」は、彼らが天皇に献上した生糸が〝うずたかく重なっていた〟ことに由来するともいいますが、そのあたりははっきりしません。

⑤「私市」の読み方は、「きさいち」。これは、「きさきいち」の「き」が省略されたもの。「私」を「きさき」と読んでいるのは、〝お后《きさき》さま〟と過ごすのは天皇の〝私生活〟だから、ということのようです。

⑥「国東」は、「くにさき」。昔の〝豊後《ぶんご》の国（現在の大分県にほぼ相当）〟の〝東〟に突き出ている半島だからというのが、漢字の「国東」の由来。一方、読み方「くにさき」というのは、昔、ある天皇がこの半島を見て「国の埼《さき》（陸地が突き出した部分）」だと言ったところから生まれたと伝えられています。

以上のように伝説や天皇が関係するもののほかにも、さまざまな複雑な事情を抱える難読地名が存在しています。

⑦**酒匂**（神奈川県小田原市内）　⑧**額塚**（京都府福知山市内）

⑨**安口**（兵庫県丹波篠山市内）　⑩**頴田**（福岡県にあった町）

⑦「酒匂」は、「さかわ」と読みます。この「匂」は、おそらく「勾」が変化したもの。「勾」には、古代の装飾品「**勾玉**（まがたま）」で使われているように、〝輪のように丸く曲がる〟という意味があります。そこで「わ」と訓読みできるというわけです。

⑧「額塚」の読み方は、「すくもづか」。「すくも」とは、イネを脱穀したあとに残る〝もみがら〟や〝もみぬか〟のこと。それを、「額」で書き表すのは不思議ですが、「額」には「額《ぬか》ずく」のように「ぬか」という訓読みがあります。そこで、「もみぬか」の「ぬか」を仲立ちにして、「すくも」を書き表すのに使ったのではないでしょうか。

⑨「安口」は、「はだかす」と読みます。この地名があるあたりにはオオサンショウウオが生息していて、方言で「あんこう」とか「はだかす」とか呼んでいたようです。そこで、「あんこう」の方には単純に「安口」という〝読み当て字〟をしたところ、やがて「はだかす」の方にそれが〝意味当て字〟として転用されて、同じ漢字で書き表されるようになったものと思われます。

⑩「頴田」の読み方は、「かいた」。「頴」は、「示」のところを「禾」にした「穎」と書くのが、本来の形。「禾（のぎ）」とは〝イネなどの穂先〟を指す漢字で、「穎」にも〝植物の芽〟という意味があります。そこで、いわゆるカイワレダイコンの「かいわれ」を、〝貝が割れたような形の芽を出している〟からという理由で、「頴割れ」と書くことがあります。「頴」は〝貝〟とは全く無縁なのですが、ここから「かい」という読み方が導き出されて、「頴田」と書いて「かいた」と読むことになったのでしょう。

7 地名に残る古い音読み

ここで音読みに話を移しますと、県名の「奈良（なら）」では、なぜ「良」を「ら」と読むのでしょうか？　それは、「良」の呉音（66ページ）に「ろう」があり、その旧仮名遣いが「らう」だからです。

このように、地名の音読みでは、呉音や旧仮名遣いとの関係から、ふつうとは異なる読み方がされることがあります。難読地名を掘り下げると、日本語と漢字の関係の長い歴史を感じることができるのです。

①**邑智**（島根県の郡）　②**宿毛**（高知県の市）

③**球磨**（熊本県の村）　④**駅館川**（大分県を流れる川）

①「邑智」は、「おおち」と読みます。「邑」は、〝人が集まって住んでいるところ〟を表す漢字で、訓読みでは「むら」、音読みではふつう漢音で「ゆう」と読みます。しかし、呉音だと「おう」。「邑智」を「おおち」と読むのは、それに由来しています。

②「宿毛」の読み方は、「すくも」。私たちは「宿」を「しゅく」と音読みしていますが、これは漢音。呉音だと「すく」となります。

③「球磨」は、「くま」。「球」を「きゅう」と読むのは漢音。「く」は呉音の一種です。

④「駅館川」は、「やっかんがわ」と読みます。「駅」は、漢音では「えき」、呉音では「やく」と読む漢字です。

ところで、「宿毛」で「毛」を「も」と読んでいるのは、音読み「もう」の「う」が省略されたもの。「奈良」の「良」でも、呉音の旧仮名遣い「らう」の「う」が省略されています。音読みの地名では、このようにおしまいの音が省略される例が目立ちます。この〝末尾省略型〟ともいうべき音読みに旧仮名遣いが絡むと、私たちの知っている基本の音読みとはだいぶ違う、難読地名になります。

⑤ 芳賀（栃木県の郡）　⑥ 揖斐（岐阜県の郡）

⑦ 養父（兵庫県の市）

⑤「芳賀」の読み方は、「はが」。「芳」の音読みは「ほう」ですが、旧仮名遣いでは「はう」。そこで、「はうが→はが」と変化したのだと考えると、よくわかります。

⑥「揖斐」は、「いび」と読みます。「揖」とは、〝両手を胸の前で組み合わせて行う、中国式のおじぎ〟を表す漢字。音読みでは「ゆう」と読みますが、旧仮名遣いでは「いふ」となります。一方の「斐」は、〝模様が美しい〟ことを意味する漢字で、「ひ」と音読みします。そこで、「いふひ→いうひ→いび」という変化を考えると、「揖斐」を「いび」と読むのにも納得がいくでしょう。

⑦「養父」は、一般名詞としては「ようふ」ですが、この地名では「やぶ」。「養」の音読み「よう」は、旧仮名では「やう」なので、「やうふ→やぶ」と変化しているわけです。

音読みの地名で〝末尾省略型〟になるのは、「う」で終わる場合だけではありません。

⑧ 郡上（岐阜県の市）　⑨ 甘楽（群馬県の郡）

⑩ 国府津（神奈川県小田原市内）

⑧「郡上」は、「ぐんじょう」ではなくて「ぐじょう」と読みます。「郡」の音読み「ぐん」の「ん」が省略されています。

⑨「甘楽」は、「かんらく」と読みたいところですが、「かんら」。「楽」の音読み「らく」の「く」を、読まずに済ませているわけです。

⑩「国府津」の読み方は、「こうづ」。「国府」は、ふつうに音読みすると「こくふ」となりますが、この「く」が省略されて「こふ」となり、それがさらに変化して「こう」となった結果、「国府津」を「こうづ」と読んでいる、という次第です。

〝末尾省略型〟の音読みは、実は、万葉仮名によく見られる漢字の使い方です。

前章（188ページ）でちょっと見た万葉仮名とは、ひらがなやカタカナが生み出されるより前の時代に、漢字だけで日本語の文章を書き表すために使われた方法。細かく見るといろいろなタイプがあるのですが、代表的なのは、日本語の「あ」「い」「う」などなどの音それぞれに、漢字の音読みを当てはめるものです。

しかし、音読みは必ず一音になるとは限りません。「安」を「あん」と読むように、二音以上になることがあります。それを日本語の一音に当てはめようとするので、「ん」を読まずに済ませてしまうことになるのです。

そう考えると、〝末尾省略型〟の音読みをする地名には、日本人が自分たちのことばを文字で書き表そうとした、その最初のころの努力の跡が残されている、と言うことができます。そして、前に見た「鏡島」や「若桜」のような訓読みの後半が省略される例（208ページ）も、こういう音読みの使い方の影響のもとに生まれてきたものかと思われます。

8 この地名の音読みはひと味違う？

地名の漢字の中には、末尾がふつうとは異なる音になっているものがあります。たとえば、「信濃（しなの。長野県の古い呼び方）」の「信」は、ふつうに音読みすれば「しん（sin）」ですが、最後に母音aを付け足して「しな（sina）」と読んでいます。

ここでは、こういった現象が生じている難読地名について見てみましょう。

①員弁（三重県の郡）　②乙訓（京都府の郡）
③奄美（鹿児島県の市）　④安曇野（長野県の市）

①「員弁」は、「いなべ」と読みます。この地名の場合、「員」の音読みが「いん（in）」ではなくて「いな（ina）」。子音nで終わるところに母音aがくっついているわけです。なお、「弁」を「べ」と読むのは、つい先ほど取り上げた〝末尾省略型〟の音読みです。
②「乙訓」の読み方は、「おとくに」。「乙女《おとめ》」「乙姫《おとひめ》」のように、「乙」には「おと」と

いう訓読みがあります。一方、「訓」のふつうの音読みは「くん（kun）」ですが、ここでは「くに（kuni）」。nで終わるところにiが付け加えられた形です。

このように母音を付け加えるのは、万葉仮名にも見られる漢字の古い読み方。もともと、昔の日本語には「ん」という音はありませんでした。そこで、日本人はnという子音で終わる中国語の発音に、何か母音を付け加えないと落ち着かなかったのです。日本語の「ん」は、後の時代になって、中国語の発音に影響されて生み出された音です。

③「奄美」は、「あまみ」。「奄」は「あん」と音読みする漢字ですが、昔の中国語では「am」のようにmという子音で終わる発音でした。日本語にはそんな音はありませんから、aを付け加えて「あま（ama）」と読んだという次第。日本語に「ん」が誕生すると、この種の音読みも「ん」で終わる形へと吸収されていくことになります。

④「安曇野」は、「あづみの」と読みます。「安」を「あ」と読むのは〝末尾省略型〟。次の「曇」の音読みは「どん」ですが、これまた、昔の中国語では「dom」のような発音でした。そこでiを付け加えて「どみ（domi）」。それが「づみ」へと変化した結果、「安曇野」を「あづみの」と読んでいるのだと考えられます。

ところで、昔の中国語にはkという子音で終わる発音もありました。これも日本語には存在しないので、uやiを付け加えて受け入れられていきます。ちょうど、英語の「ink」

が「インク（inku）」とか「インキ（inki）」という外来語になったのと同じことです。ただ、時にはほかの母音が付け加えられることもありました。

⑤葛飾（東京都の区）　⑥安宅（石川県小松市内）
⑦信楽（滋賀県甲賀市内）

⑤「葛飾」は、「かつしか」。「葛」を「かつ」と読むのは、音読み。「飾」を「しか」と読むのは難読ですが、「飾」の呉音は「しき（siki）」。その最後の母音・iの代わりにaを用いて、「しか（sika）」と読むのだと考えられます。

⑥「安宅」の読み方は、「あたか」。「宅」を「たく（taku）」と音読みするところが、「たか（taka）」に。やはり、最後の母音がuではなくaになっています。

⑦「信楽」は、「しがらき」と読みます。このうちの「楽」は、「らく（raku）」のuの代わりに・iを使って「らき（raki）」となっている例。「信」の方はちょっと特殊で、実は中国語では「sing」のような、ngで終わる発音。そのgだけが残り、そこにaが付け加わって、「しが（siga）」と読んでいるのだと考えられます。

中国語には日本語には存在しない発音がたくさんあるため、それを音読みとして受け入れていくにあたっては、さまざまな工夫が必要でした。その一端が、これらの地名には現れているのです。

地名に見られる変化系の音読みとして、もう一つ、ナ行の音がラ行の音に変化している例を取り上げておきましょう。

⑧**駿河**（静岡県東部の昔の呼び名）　⑨**敦賀**（福井県の市）
⑩**平群**（奈良県の町）

⑧「駿河」は、「するが」。「駿」の音読みは「しゅん」ですが、それが「すん」となり、末尾にuが付け加わって「すぬ」、それがさらに変化して「する」となっています。
⑨「敦賀」の読み方は、「つるが」。「敦」は「とん」と音読みしますが、それが「つん」となり、「つん→つぬ→つる」と変わったものと考えられます。
⑩「平群」は、「へぐり」と読みます。これも、「群」の音読みが「ぐん→ぐに→ぐり」と変化したものかと思われます。
なお、このナ行からラ行への変化は、訓読みの地名にも時折、見られることがあります。「**小谷**（おたり。長野県の村）」がその例です。

9　平安時代の難読地名を読んでみよう

ここまでに見てきたように、難読地名の世界では、あちこちで古い日本語に出会います。地名とは、長い歴史の中で、そこに住む人々が大切に守り、受け継いできたものだからです。

そこで、平安時代にはどんな地名がどんな漢字で書かれていたのか、その一端を覗いてみることにいたしましょう。取り上げるのは、一〇世紀の前半に作られた、『和《わ》名《みょう》類《るい》聚《じゅ》抄《しょう》』という辞書に載っている地名です。

① **鎰刀**（現在の秋田県内）　② **滑田**（現在の群馬県内）
③ **夷灊**（現在の千葉県内）　④ **愛甲**（現在の神奈川県内）
⑤ **息津**（現在の静岡県内）

①「鎰刀」は、「かぎのたち」と読みます。「鎰」は、国訓で「かぎ」と読む漢字。「益（「益」の旧字体）」は呉音で「やく」と読むので、〝かぎ〟を意味する「鑰（やく）」の略字

のように用いたものでしょう。一方、「たち」とは〝大ぶりの刀〟のことなので、「刀」を「たち」と訓読みしても的外れではありません。この地名は、現在の仙北市内の「角館（かくのだて）」に当たるのではないか、と言われています。

②「渭田」の読み方は、「ぬまた」。「渭」は、中国語ではある川の名前に使われる漢字。まわりの土地を潤すところから、これまた国訓として「ぬま」と読んでいるのでしょう。現在では「沼田（ぬまた）市」に受け継がれています。

③「夷灊」は、「いすみ」と読みます。「夷」は〝異民族〟を指す漢字で、音読みは「い」。「灊」は泣きたいぐらい難しい漢字ですが、「せん」と音読みして、中国の川の名前として使われます。ただ、昔の中国語では「sem」のような発音だったので、母音・iを付け加えて「せみ（semi）」となり、それが「すみ」へと変化したものでしょう。現在の千葉県にも、「**夷隅**（いすみ）郡」や、ひらがなで書く「いすみ市」があります。

④「愛甲」は、「あゆかは」。「あゆ」は、「愛」の音読み「あい」が変化したもの。「かは」については、「甲」の音読み「こう」が旧仮名遣いでは「かふ（kahu）」なので、そのuの代わりにaが使われて「かは（kaha）」となったものと思われます。このように、旧仮名遣いで「ふ」で終わる音読みも、末尾の母音が違うものになる場合があります。なお、現在の神奈川県にも、ふつうに音読みされる「**愛甲**（あいこう）郡」があり、その中に読み

方がやや変化した「愛川（あいかわ）町」があります。
⑤「息津」の読み方は、「おきつ」。「おき」とは、〝息〟を表す古語です。現在でも、静岡市内に「興津（おきつ）」という地名があります。

⑥**児屋**（現在の兵庫県内）　⑦**意宇**（現在の島根県内）
⑧**香美**（現在の高知県内）　⑨**京都**（現在の福岡県内）
⑩**給黎**（現在の鹿児島県内）

⑥「児屋」は、「こや」。何の変哲もない訓読みですが、現在では、これが伊丹市内の「**昆陽**（こや）」という難読地名になっているのが、おもしろいところ。「昆陽」は、音読みすれば「こんよう」のところ、旧仮名遣いでは「こんやう」で、それぞれを〝末尾省略型〟にして「こや」と読ませています。
⑦「意宇」は、「おう」と読みます。「意」を「お」と読むのは、呉音よりもさらに古い時代に伝わった中国語の発音に基づく、と考えられています。現在では、漢字はそのままにふつうに音読みする、「**意宇**（いう）町」が松江市内に残っています。
⑧「香美」の読み方は、「かがみ」。「香」の音読み「こう」は、旧仮名遣いでは「かう」。

さらに中国語に戻ると「kang」のような発音なので、そのngのgだけを残して母音aを付け加えると、「かが（kaga）」になるわけです。現在でも高知県に、漢字はそのままに湯桶読みする「**香美**（かみ）市」があります。

⑨「京都」は、「きょうと」ではなく「みやこ」と読みます。「京都」とは、一般名詞としては「けいと」と音読みして〝みやこ〟を表します。そこで、二文字合わせて熟字訓として「みやこ」と読めるという次第。現在でも、福岡県に「京都（みやこ）郡」がありますし、その中にはひらがなの「みやこ町」があります。

⑩「給黎」の読み方は、「きいれ」。「黎」の方は、〝夜明け〟を意味する「**黎明**（れいめい）」という熟語があるように、「れい」と音読みする漢字。〝末尾省略型〟で「れ」と読めます。一方、「給」の音読み「きゅう」は、旧仮名遣いでは「きふ（kihu）」。その子音uがiに変わって「きひ（kihi）」。さらに「きひ→きい」となったのでしょう。現在でも鹿児島市内に、重箱読みで読む「**喜入**（きいれ）町」があります。

このように見てくると、私たちが難読だと感じている地名の多くのパターンが、平安時代の地名にも出て来ることがわかりますよね。それがそのまま引き継がれたり、簡単な漢字に置き換えられたり、読み方の方が簡単なものに変わったり。そうやって移り変わっていくところも、地名の漢字のおもしろい点の一つです。

10 外国の地名を表す漢字

最後に、外国の地名を表す漢字についても触れておきましょう。そのほとんどは、中国で作られた〝読み当て字〟。現代の中国語の発音に基づいていることが多いので、私たちの音読みの知識ではなかなか読むことができません。「英吉利（イギリス）」「仏蘭西（フランス）」などの国名は有名ですから、ここでは、都市名を表す漢字に限って取り上げることにいたします。

①紐育（アメリカの都市）　②維納（オーストリアの都市）
③雅典（ギリシャの都市）　④雪特尼（オーストラリアの都市）
⑤晩香坡（カナダの都市）　⑥浦塩斯徳（ロシアの都市）

①「紐育」は、「ニューヨーク」。「紐」は、「ひも」と訓読みする漢字で、音読みは「ちゅう」です。現代中国語の北京語では「紐育」は「ニュユェ」といった感じの発音。ただ、広東語での「紐育」は「New York」にもう少し近い発音になるようです。

②「維納」の読み方は、「ウィーン」。この当て字は、ドイツ語「Wien（ウィーン）」ではなく、英語「Vienna（ヴィエナ）」に由来するものでしょう。「維納」を北京語で読むと、「ウェイナ」のような発音です。

③「雅典」は、「アテネ」と読みます。これも、英語「Athens（アセンズ）」に対する当て字かと思われますが、日本語の音読み「がてん」とも、北京語「ヤディエン」ともだいぶ異なります。広東語「ガディン」の方が近そうです。

④「雪特尼」は、「シドニー」。これを音読みで読んでも「せつとくに」にしかなりませんが、北京語ならば「シュエタニイ」のような読み方。現在の中国語では、シドニーのことをふつうは「悉尼」と書き表しますが、「雪特尼」も中国生まれの当て字でしょう。

⑤「晩香坡」は、「バンクーバー」。音読みでは「ばんこうば」になります。現在の中国語では、バンクーバーは「温哥華」という漢字で書き表すので、「晩香坡」は日本で作られた〝読み当て字〟かと思われます。

⑥「浦塩斯徳」は、「ウラジオストック」。これは明らかに日本生まれの当て字。なぜなら、「浦塩」を「うらじお」と読むのは訓読みだから。外国地名の当て字に訓読みを用いている、珍しい例です。

以上のように、外国地名の漢字は〝読み当て字〟が基本。〝意味当て字〟はごくわずかしか見られませんが、次のような例があります。

⑦ **聖林**（アメリカの都市）　⑧ **牛津**（イギリスの都市）
⑨ **寿府**（スイスの都市）　⑩ **漢堡**（ドイツの都市）

⑦「聖林」は、「ハリウッド」。英語「Holly Wood（ハリウッド）」は、〝ヒイラギの森〟という意味。それを「Holy Wood」つまり〝聖なる森〟と勘違いして漢字で表現した〝意味当て字〟の例です。なお、「森」は、本来は〝木が生い茂っているようす〟を指す漢字で、「もり」と読んで〝木がたくさん茂っている場所〟を指すのは国訓。〝木がたくさん茂っている場所〟は、中国語では「林」で表します。

⑧「牛津」は、「オックスフォード」と読みます。英語「Oxford」は「ox（雄牛）」と「ford（歩いて渡れるくらいの浅瀬）」に分解できます。それに〝意味当て字〟をしたのが「牛津」。「津」には、〝渡し場〟という意味があります。

⑨「寿府」の読み方は、「ジュネーブ」。最初の「ジュ」を、「寿」の音読み「じゅ」で表し、それに〝大きな町〟を意味する「府」を組み合わせた、おそらく日本で生まれた書き表し方です。「府」には「ブ」も響かせていて、意味と読みを兼ねた当て字となっています。

⑩「漢堡」は、「ハンブルク」。「漢」は北京語では「ハン」のように発音されるので、中国で作られた当て字でしょう。「堡」は、〝とりで〟を表す漢字で、音読みは「ほ」、現代中国語では「バオ」のような発音。ドイツ語の「burg（ブルク）」は〝城〟という意味なので、これまた意味と読みを兼ね合わせた当て字だと言えるでしょう。

外国地名を表す当て字については、気をつけたいことが二つあります。

一つ目は、ある地名を表す当て字は一種類とは限らない、ということ。たとえば「ロンドン」は、昔は「竜動」「竜頓」「英京」など、いろいろな書き表し方がされていました。有名な「倫敦」も、その一例にすぎません。

二つ目は、中国語では、ひらがなやカタカナのような表音文字がないところから、すべての外国地名は漢字で書き表される、ということ。それに日本語でのその土地の呼び方を当てはめれば、難読地名がいくらでもできてしまうのです。しかし、それが日本語でどれくらい使われたことがあるものなのかは、きちんと検証しないといけないでしょう。

私たちは、中国で作り出された漢字を借りてきて、日本語を書き表すために使っています。そのため、日本語の漢字の世界では、中国語と日本語が複雑に入り組んで存在しています。外国地名を表す漢字には、そのことがよく現れているのです。

おわりに

漢字がいつごろ生まれたのかは、さだかではありません。ただ、紀元前一三〇〇年ごろの中国北部、黄河の中流域では、すでに漢字が用いられていたことがわかっています。

中国語を書き表す文字としての漢字は、〝表語文字〟といって、一つの文字が一つの単語に対応しているという特色があります。つまり、単語の数＝漢字の数となるわけですから、非常に多くの漢字が必要となります。とはいえ、中にはよく使われる単語＝漢字もあれば、めったに使われない単語＝漢字もあります。よく使われるものは自然と身につきますが、めったに使われないものはなかなか使いこなせるようにはなりません。ここに、読み方が難しく感じられる〝難読漢字〟が生まれて来る第一の要因があるわけです。

さて、漢字が日本列島にいつごろ伝えられたのかは、答えるのが難しい問題です。ただ、四世紀ごろに造られた古墳から、漢字を使って日本語を書き表した出土物が見つかっていますので、日本列島で漢字が本格的に使われるようになったのはおおむねそのころだ、と考えていいでしょう。

日本列島で暮らしていた人々が漢字に初めて接したとき、その漢字には当然ながら中国語としての発音しかありませんでした。それが日本語風に変化したのが、音読みです。ところが、音読みの元になった中国語の発音には時代や地域によって違いがあったことから、一つの漢字に対して呉音・漢音・唐音といった複数の音読みが生まれることになりました。となると、よく使われる音読みとそうでない音読みが出てくるわけで、漢字そのものはよく用いられるものであっても、めったにめぐり合わない音読みで読まれる場合には、それは〝難読漢字〟だということになるのです。

一方、音読みとは元は中国語ですから、日本語しか解さない人に対しては、それだけでは意味はなかなか伝わりません。そこで、漢字の意味を日本語に翻訳して読むという方法が考え出されました。訓読みの誕生です。これ以降、日本語を書き表す文字としての漢字は、中国語の単語からは離れ、一つ一つが意味を表すという側面が強くなります。〝表意文字〟といわれるゆえんです。

訓読みの誕生により、漢字は、日本人にとって格段に使いやすいものとなりました。ただ、訓読みとは一種の翻訳ですから、意味さえ間違っていなければさまざまな読み方が可能です。

その結果、一つの漢字がいくつもの訓読みで読まれるようになります。ここでもまた、めったに用いられない訓読みが〝難読漢字〟だと感じられるのは、ごくごく当然の成り行きだといえるでしょう。そういった訓読みの中に古い時代の日本語が保存されて、化石のように現在まで残っていることもあります。

さて、音読みと訓読みを手に入れた日本人は、漢字を自分たちのことばを書き表す文字として、どんどん使いこなしていきます。その中から、中国語にはない意味で漢字を使う国訓が生まれ、さらには、中国語としては存在しないけれど漢字と同じように用いられる、国字と呼ばれる文字が作り出されました。

国訓や国字の中には、現在でも日常的によく使われるものもありますが、そうでないものもあります。ここにもまた、たくさんの〝難読漢字〟が存在しているのです。

漢字は、単独で用いられるだけではありません。複数の漢字が結びついた熟語の形でも使われます。その場合、たとえば二文字の熟語でいえば、一文字目を音読みで読めば二文字目も音読みで読み、一文字目を訓読みで読めば二文字目も訓読みで読むのが原則です。音読みはもともとは中国語で訓読みは元からの日本語ですから、ごちゃ混ぜにすると落ち着かないはずだからです。

しかし、やがて、音読みはもともとは中国語であるという意識が薄れてくると、音訓をごちゃ混ぜにして読むことへの抵抗が少なくなり、重箱読みや湯桶読みといった読み方がなされるようになります。こういう変則的な読み方も、場合によっては〝難読漢字〟だと感じられることでしょう。

また、訓読みの方法を熟語に適用することも行われるようになります。中国語としての熟語を、個々の漢字の読み方は無視して、まるごと日本語に翻訳して読んでしまう、熟字訓です。この方法に慣れてくると、今度は逆に、日本語のあることばが指す内容を漢字の意味を使って熟語の形で表現して、個々の漢字の音訓とは関係なく熟語全体をそのことばとして読んでしまうという、日本語独自の熟字訓が登場することになりました。どちらの熟字訓の場合も、一つ一つの漢字の音読みや訓読みをいくらこねくり回しても、正しい読み方にたどり着くことはけっしてできません。熟字訓は〝難読漢字〟の王様だといえるでしょう。

これとは別に、個々の漢字の意味は無視して、音訓だけを取り出して漢字を使う方法も考え出されました。最もわかりやすいのはヨーロッパのことばなどの外来語を書き表す場合ですが、本来は漢字で書き表す必要のない日本語の単語にもこの方法が適用されることがあり、さまざまな当て字を生み出して来たのです。

こうやって生み出されてきた〝難読漢字〟は日本語のあちこちに見られますが、動植物の名前を表す漢字には、特に多く見受けられます。それらの中には、同じ漢字を用いながら、日本語と中国語では指すものが異なるものも、数多く含まれています。

また、日本の地名を表す漢字にも〝難読漢字〟がたくさんありますが、この世界ではさらに進んで、読み方とも意味とも直接のつながりがない、一筋縄では読めない〝難読漢字〟に出会うこともあります。また、音読みの末尾を省略したり、新たに母音を付け加えたりといった、日本人が漢字を使って日本語を書き表そうとし始めたころに試みた、さまざまな努力の跡を見ることもできるのです。

* * *

私が本書で意図したのは、読者のみなさんに、難読漢字という一本一本の〝木〟を眺めることを通じて、以上のような漢字の〝森〟の全体像に触れていただくことでした。それは、一つ一つの難読漢字は漢字と日本語が織りなす長い歴史の中から生まれて来たものだ、と感じていただくことにほかなりません。

どんなことばにも、長い歴史があります。しかし、アルファベットに代表される表音文字で書き表されることばは、発音が変化すればつづりも変わってしまい、その歴史をたどることがむずかしくなります。

その点、漢字は表語文字であったり表意文字であったりするので、発音の変化には影響されにくく、歴史がたどりやすいという特質があります。考えてみれば、千何百年も前の人が書いた文字を現代に生きる私たちが目にして、それが自分たちが使っているのと同じ漢字であると認識でき、曲がりなりにも意味をくみ取ることができるというだけでも、すごいことではありませんか。

「漢字は奥深い」という言い方は、しばしば曖昧に用いられるので、私はあまり好きではありません。しかし、私は、そういうふうに軽々と時空を超えられるところに、「漢字の奥深さ」を感じます。そのことを、本書のタイトルでは「奥義」というちょっとおおげさなことばを使って表現してみたのでした。

とはいえ、私はもともと、漢字に特別に強い興味を抱いていたわけではありません。出版社で漢和辞典の編集担当となったことをきっかけに、先輩編集者や辞書の編者の先生からいろいろな啓発を受け、偉大な研究者の先生方がお書きになった書物を読んで勉強しているうちに、漢字と日本語が織りなす歴史に、強い魅力を感じるようになったのです。

そういった書籍はいわゆる学術書なので、世間にあふれている大人向けの漢字ドリルや、難読漢字を取り扱った本に比べると、読むのにはるかに骨が折れます。その一方で、世の中には、かつての私などよりずっと漢字が好きだという人がたくさんいらして、漢字能力検定のために日々勉強したり、難読漢字をクイズのように楽しんだりしていらっしゃいます。そういう方々に向けて、難読漢字をちょっと掘り下げると見えてくる、ひと味違った魅力にあふれた漢字の世界をお伝えするような本を作れないものだろうか……。

そんな思いから、本書では、学術的な用語の使用はできるだけ避け、平淡で親しみやすい語り口を採用し、時には思い切って単純化した説明を試みるなど、学術書には手が伸びにくい方でも気軽にお読みいただけるような工夫を心がけました。それがはたしてどれだけ中身のある書物として結実しているのかは、書き終えた直後の当人には測りかねます。ただ、本書をお読みになった方々が、これまでとはちょっと違う目で漢字を眺めてくださるようなことがあれば、望外の喜びです。

＊　＊　＊

この本の構想そのものは、もう十年以上も前から抱いていたものです。しかし、実際に取り組むとなると、数ある難読漢字を整理して分類し、一冊の書物の流れにしたがって選び出して配列する作業のたいへんさが予想されて、なかなか手を出せないでおりました。

しかし、コロナ禍がきっかけで状況が変わりました。二〇二〇年の春、予定していたほとんどの仕事がキャンセルになる中で、長年の懸案に取り組んでみる余裕ができたのです。

基礎的な資料作りを終え、目次立てや取り扱う難読漢字がだいたい見えてきたところで、草思社の木谷さんとフリー編集者の相内さんにご相談したところ、スピーディーにＯＫをいただきました。お二方には以前、『雨かんむり漢字読本』でお世話になり、その後もそれに続く本のお話をいただいていたのですが、私の力不足でなかなか実現させることができないでいました。本書を出版にまで漕ぎ着けることができたのは、お二方が私に辛抱強くお付き合いくださったお陰です。心より感謝を申し上げます。

また、本書が世に出るまでには、校正者やデザイナーの方々、販売や宣伝に携わってくださる方々、そして出版流通や書店で働いていらっしゃる方々などなど、多くの方に手助けをしていただきます。合わせてお礼を申し上げて、結びといたします。

二〇二〇年の師走、新型コロナ第三波まっただ中の夕暮れ時に

円満字　二郎

【文学作品からの用例の出典一覧】

第Ⅰ章7　三島由紀夫『潮騒』（新潮文庫、一九八八年五月二十五日、九十刷）
第Ⅰ章13　芥川龍之介『芋粥』（ちくま文庫『芥川龍之介全集1』一九八八年七月八日、第六刷）
第Ⅱ章11　森鷗外『雁』（ちくま文庫『雁 阿部一族』一九九五年九月二十一日、第一刷）
第Ⅲ章3　夏目漱石『三四郎』（ちくま文庫『夏目漱石全集5』一九八八年二月二十三日、第一刷）
第Ⅲ章11　島崎藤村『千曲川のスケッチ』（新潮文庫、二〇〇八年八月十日、七十三刷）

※なお、第Ⅳ章10の『万葉集』に出てくる動植物名については、中西進編『万葉集事典』（講談社文庫、二〇〇三年十月十五日、第十三刷）を、第Ⅴ章9の『和名類聚抄』に出てくる地名については、奈良文化財研究所「古代地名検索システム」（https://chimei.nabunken.go.jp/）を利用しました。

索 引

1　設問で取り上げた語、解説文で太字にした語、および各節のリード文で取り上げた例語のうち注意すべきもの合計 811 項目を五十音順に並べ、その掲載ページを示した。
2　複数の読み方があるものは、原則として読み方ごとに項目を分けて収録した。
3　一部、末尾の助詞を除いたり活用形を終止形にするするなど、探しやすい形に変更した語がある。

【あ行】

愛甲（あいこう）　226
牽牛花（あさがお）　179
薊（あざみ）　158
足利（あしかが）　205
馬酔木（あしび）　180
網代（あじろ）　99
飛鳥（あすか）　213
翌檜（あすなろ）　180
羅漢柏（あすなろ）　181
校倉（あぜくら）　95
馬酔木（あせび）　180
安宅（あたか）　223
天晴れ（あっぱれ）　129
安曇野（あづみの）　221
誂える（あつらえる）　33
雅典（アテネ）　229
穴太（あのう）　209
溢れる（あふれる）　27
奄美（あまみ）　221
菖蒲（あやめ）　185
年魚（あゆ）　188
鮎（あゆ）　189
愛甲（あゆかは）　225
光景（ありさま）　149
酒精（アルコール）　114
行火（あんか）　81
行脚（あんぎゃ）　81
行宮（あんぐう）　81
行灯（あんどん）　81
安穏（あんのん）　86
意宇（いう）　227
厳つい（いかつい）　89
経緯（いきさつ）　141
英吉利（イギリス）　229
伊具（いぐ）　199
犠牲（いけにえ）　141
石和（いさわ）　207
頤使（いし）　63
鶍（いすか）　160
夷灊（いすみ）　225
夷隅（いすみ）　226
和泉（いずみ）　212
石動（いするぎ）　209
多忙しい（いそがしい）　149
幼気な（いたいけな）　153
潮来（いたこ）　204

無花果（いちじく） 178
員弁（いなべ） 221
揖斐（いび） 218
射水（いみず） 200
西表（いりおもて） 204
海豚（いるか） 173
鰯（いわし） 159
岩魚（いわな） 170
鸚哥（いんこ） 167
因縁（いんねん） 86
維納（ウィーン） 229
外郎（ういろう） 80
烏竜茶（ウーロンチャ） 82
鶯（うぐいす） 188
胡散（うさん） 81
太秦（うずまさ） 213
鶉（うずら） 156
団扇（うちわ） 133
腔（うつけ） 36
愬える（うったえる） 39
魘される（うなされる） 24
初心（うぶ） 142
浦塩斯徳（ウラジオストック） 229
裏店（うらだな） 107
釉薬（うわぐすり） 151
釉（うわぐすり） 152
永遠（えいえん） 141
疫病（えきびょう） 76
壊死（えし） 66
似而非（えせ） 154
得体（えたい） 103
海老（えび） 182
蛯（えび） 182
鴛鴦（えんおう） 174
追風（おいて） 95
花魁（おいらん） 133
意宇（おう） 227
鸚鵡（おうむ） 166
鷹揚（おうよう） 61
果せる（おおせる） 105
邑智（おおち） 217
大任（おおとう） 206
鳳（おおとり） 192
大甕（おおみか） 203
大鰐（おおわに） 196
可笑しい（おかしい） 148
女将（おかみ） 137
小鎌（おがも） 207
悪寒（おかん） 70
息津（おきつ） 225
賖る（おぎのる） 29
螻蛄（おけら） 175
熾こす（おこす） 32
瘧（おこり） 29
折敷（おしき） 99
鴛鴦（おしどり） 174
御節（おせち） 103
苧環（おだまき） 170
小谷（おたり） 224
零落れる（おちぶれる） 144
落雷（おちらい） 201
牛津（オックスフォード） 231
乙訓（おとくに） 221
温順しい（おとなしい） 149
十八番（おはこ） 139
尾花（おばな） 169

俤（おもかげ） 35
檻（おり） 26
風琴（オルガン） 114
尾鷲（おわせ） 207

【か行】

開眼（かいがん） 76
開眼（かいげん） 76
改竄（かいざん） 57
頴田（かいた） 215
界隈（かいわい） 60
頴割れ（かいわれ） 216
案山子（かかし） 135
鏡島（かがしま） 207
香美（かがみ） 227
鎰（かぎ） 225
鎰刀（かぎのたち） 225
瑕瑾（かきん） 48
矍鑠（かくしゃく） 59
攪乱（かくらん） 54
懸巣（かけす） 169
欠片（かけら） 152
翳る（かげる） 39
蜉蝣（かげろう） 175
樫（かし） 161
悴む（かじかむ） 33
旗魚（かじき） 172
橿原（かしはら） 196
喧しい（かしましい） 27
瓦斯（ガス） 112
鎹（かすがい） 35
固唾（かたず） 93
蝸牛（かたつむり） 172
型録（カタログ） 110
葛飾（かつしか） 223
門真（かどま） 200
金糸雀（カナリア） 191
庇う（かばう） 20
蕪菁（かぶ） 177
蕪（かぶ） 177
蟷螂（かまきり） 174
竈（かまど） 39
喧しい（かまびすしい） 27
香美（かみ） 228
羚羊（かもしか） 185
鴨嘴（かものはし） 169
瓦落多（がらくた） 127
我楽多（がらくた） 127
加里（カリ） 110
鰈（かれい） 156
嗄れる（かれる） 27
獺（かわうそ） 156
翡翠（かわせみ） 174
眼窩（がんか） 46
簪（かんざし） 26
頑丈（がんじょう） 132
萱草（かんぞう） 187
画布（カンバス） 118
甘楽（かんら） 219
乾酪（かんらく） 114
給黎（きいれ） 227
喜入（きいれ） 228
桔梗（ききょう） 167
気骨（きこつ） 104
私市（きさいち） 213
象潟（きさかた） 203

気色（きしょく） 74
鱚（きす） 159
犠牲（ぎせい） 141
木賃（きちん） 103
啄木鳥（きつつき） 172
奇天烈（きてれつ） 127
昨日（きのう） 133
羈絆（きはん） 57
気骨（きぼね） 104
肝属（きもつき） 202
逆上（ぎゃくじょう） 145
脚立（きゃたつ） 131
穹窿（きゅうりゅう） 45
狭窄（きょうさく） 46
矜恃（きょうじ） 53
香車（きょうしゃ） 69
驕慢（きょうまん） 46
餃子（ギョーザ） 82
歔欷（きょき） 146
跼蹐（きょくせき） 43
蟋蟀（きりぎりす） 187
矜恃（きんじ） 53
金団（きんとん） 80
金鳳花（きんぽうげ） 184
苦役（くえき） 73
久遠（くおん） 68
苦汁（くじゅう） 137
郡上（ぐじょう） 219
擽る（くすぐる） 31
薬玉（くすだま） 98
曲者（くせもの） 93
草臥れる（くたびれる） 139
嘴（くちばし） 170
轡（くつわ） 33
六合（くに） 213
国東（くにさき） 213
瞿麦（くばく） 189
球磨（くま） 217
蜘蛛（くも） 175
供物（くもつ） 68
海月（くらげ） 173
倶楽部（クラブ） 110
厨口（くりやぐち） 40
胡桃（くるみ） 176
経緯（けいい） 141
鯨波（げいは） 137
痙攣（けいれん） 146
希有（けう） 68
怪我（けが） 132
袈裟（けさ） 121
罌粟（けし） 176
気色（けしき） 74
健気（けなげ） 129
貶す（けなす） 24
欅（けやき） 179
啄木鳥（けら） 172
減殺（げんさい） 71
研鑽（けんさん） 45
喧噪（けんそう） 51
権高（けんだか） 101
言質（げんち） 70
巻繊汁（けんちんじる） 80
剣幕（けんまく） 129
豆汁（ご） 154
業火（ごうか） 66
狡猾（こうかつ） 49

哄笑（こうしょう） 61
国府津（こうづ） 219
神島（こうのしま） 206
蝙蝠（こうもり） 175
攪乱（こうらん） 54
珈琲（コーヒー） 110
蟋蟀（こおろぎ） 187
凩（こがらし） 36
黒檀（こくたん） 165
固執（こしつ） 87
固執（こしゅう） 87
豆汁（ごじる） 154
拗れる（こじれる） 146
不来方（こずかた） 211
滑稽（こっけい） 70
特牛（こっとい） 211
木端（こっぱ） 97
洋盃（コップ） 119
鮗（このしろ） 160
琥珀（こはく） 42
辛夷（こぶし） 185
溢れる（こぼれる） 27
独楽（こま） 133
誤魔化す（ごまかす） 127
胡麻化す（ごまかす） 128
護謨（ゴム） 112
顳顬（こめかみ） 3
菰野（こもの） 196
児屋（こや） 227
昆陽（こや） 227
児湯（こゆ） 200
瑪瑙瑁（ごようまい） 198
垢離（こり） 129
破落戸（ごろつき） 135
蠱惑（こわく） 57
怖面（こわもて） 98
混凝土（コンクリート） 110
困憊（こんぱい） 51
金平糖（コンペイトー） 110
建立（こんりゅう） 87

【さ行】

搾菜（ザーサイ） 82
犀（さい） 157
幸先（さいさき） 97
囀る（さえずる） 16
榊（さかき） 161
坂祝（さかほぎ） 203
酒匂（さかわ） 215
作柄（さくがら） 101
溯源（さくげん） 54
搾乳（さくにゅう） 83
細蟹（ささがに） 95
小栗（ささぐり） 95
細波（さざなみ） 95
私語く（ささやく） 148
簓（ささら） 35
蠍（さそり） 156
運命（さだめ） 147
幸手（さって） 206
撒布（さっぷ） 53
蹉跌（さてつ） 49
宛ら（さながら） 91
参鶏湯（サムゲタン） 84
鞘（さや） 173
粗目（ざらめ） 95

百日紅（さるすべり） 178
砂礫（されき） 60
醂す（さわす） 29
鰆（さわら） 162
残滓（ざんさい） 54
残滓（ざんし） 54
撒布（さんぷ） 53
秋刀魚（さんま） 180
鱰（しいら） 159
時雨（じう） 137
紫苑（しおん） 167
聢と（しかと） 37
信楽（しがらき） 223
鴫（しぎ） 160
梻（しきみ） 161
時雨（しぐれ） 137
為事（しごと） 107
柳葉魚（ししゃも） 194
徐か（しずか） 105
宍粟（しそう） 209
漆喰（しっくい） 131
躾（しつけ） 35
執拗い（しつこい） 145
卓袱（しっぽく） 81
執拗（しつよう） 146
設える（しつらえる） 89
雪特尼（シドニー） 229
信濃（しなの） 221
偲ぶ（しのぶ） 31
飛沫（しぶき） 141
七五三縄（しめなわ） 154
下野（しもつけ） 212
嗄れる（しゃがれる） 27
癪（しゃく） 38
杓子（しゃくし） 135
石楠花（しゃくなげ） 184
芍薬（しゃくやく） 167
茉莉花（ジャスミン） 191
鯱（しゃち） 159
襯衣（シャツ） 118
軍鶏（しゃも） 180
上海（シャンハイ） 84
三鞭（シャンパン） 120
就役（しゅうえき） 72
絨毯（じゅうたん） 116
焼売（シューマイ） 82
宿酔（しゅくすい） 152
儒艮（ジュゴン） 193
数珠（じゅず） 85
酒精（しゅせい） 114
出来（しゅったい） 86
寿府（ジュネーブ） 231
修羅（しゅら） 122
攘夷（じょうい） 48
生姜（しょうが） 167
障子（しょうじ） 136
菖蒲（しょうぶ） 185
慫慂（しょうよう） 17
精霊（しょうりょう） 76
小籠包（ショーロンポー） 82
褥瘡（じょくそう） 43
初心（しょしん） 142
素面（しらふ） 137
嗄れる（しわがれる） 27
塩飽（しわく） 209
殿（しんがり） 92

滲出（しんしゅつ）　22
賑恤（しんじゅつ）　17
辛辣（しんらつ）　83
垂涎（すいえん）　53
出師（すいし）　72
垂涎（すいぜん）　53
出納（すいとう）　70
水団（すいとん）　80
図体（ずうたい）　129
頭重（ずおも）　101
賺す（すかす）　33
竦む（すくむ）　24
宿毛（すくも）　217
額塚（すくもづか）　215
曲路（すじかい）　211
芒（すすき）　188
清白（すずしろ）　170
歔欷く（すすりなく）　145
洋杖（ステッキ）　116
拗ねる（すねる）　146
辷る（すべる）　40
窄まる（すぼまる）　47
駿河（するが）　224
純豆腐（スンドゥブ）　84
海象（セイウチ）　191
凄惨（せいさん）　49
脆弱（ぜいじゃく）　22
精霊（せいれい）　76
躮（せがれ）　36
脊髄（せきずい）　44
雪隠（せっちん）　86
刹那（せつな）　122
鬩ぐ（せめぐ）　16
洗滌（せんじょう）　55
栴檀（せんだん）　184
洗滌（せんでき）　55
薇（ぜんまい）　164
躁鬱（そううつ）　52
相応（そうおう）　145
宗家（そうけ）　72
匝瑳（そうさ）　198
相殺（そうさい）　70
簇生（そうせい）　53
総花（そうばな）　101
蹌踉（そうろう）　49
曹達（ソーダ）　112
簇生（ぞくせい）　53
溯源（そげん）　54
底意（そこい）　103
卒塔婆（そとうば）　121
雀斑（そばかす）　133
素面（そめん）　137
蚕豆（そらまめ）　177
蹲踞（そんきょ）　61

【た行】

他愛ない（たあいない）　125
箍（たが）　26
蛇蠍（だかつ）　157
滾る（たぎる）　24
凧（たこ）　36
懦弱（だじゃく）　51
襷（たすき）　35
三和土（たたき）　135
性（たち）　105
橘（たちばな）　188

竜飛（たっぴ） 200
蓼（たで） 179
鬣（たてがみ） 39
畳紙（たとうがみ） 97
辿る（たどる） 31
狸（たぬき） 192
煙草（タバコ） 114
荼毘（だび） 121
溜水（たまり） 211
濁声（だみごえ） 93
容易い（たやすい） 144
太夫（たゆう） 86
鱈（たら） 126
鱈腹（たらふく） 125
弛む（たるむ） 27
他愛ない（たわいない） 125
撓わ（たわわ） 3
啖呵（たんか） 49
楽車（だんじり） 139
耽読（たんどく） 22
檀那（だんな） 122
旦那（だんな） 123
乾酪（チーズ） 114
千両（ちぎり） 213
巷（ちまた） 202
炒飯（チャーハン） 82
躊躇（ちゅうちょ） 61
厨房（ちゅうぼう） 41
懲役（ちょうえき） 73
手水（ちょうず） 99
提灯（ちょうちん） 78
手斧（ちょうな） 100
嘲弄（ちょうろう） 63
猪口才（ちょこざい） 127
一寸（ちょっと） 148
狆（ちん） 162
青梗菜（チンゲンサイ） 82
青椒肉絲（チンジャオロース） 82
闖入（ちんにゅう） 57
追従（ついじゅう） 74
追従（ついしょう） 74
啄む（ついばむ） 173
土筆（つくし） 182
黄楊（つげ） 187
柘植（つげ） 188
躑躅（つつじ） 176
嬬恋（つまごい） 196
蔓（つる） 146
敦賀（つるが） 224
劈く（つんざく） 16
庭訓（ていきん） 69
運命（ディスティニー） 147
洋机（テーブル） 119
的皪（てきれき） 61
手職（てしょく） 107
天麩羅（テンプラ） 110
等閑（とうかん） 143
手向（とうげ） 209
慟哭（どうこく） 59
満天星（どうだん） 185
読点（とうてん） 70
獰猛（どうもう） 54
玉蜀黍（とうもろこし） 179
蟷螂（とうろう） 174
兎角（とかく） 125
蜥蜴（とかげ） 174

鯨波（とき）　137
常磐木（ときわぎ）　99
犢鼻褌（とくびこん）　151
棘（とげ）　158
常夏（とこなつ）　100
泥鰌（どじょう）　172
船渠（ドック）　116
咄嗟（とっさ）　51
鳥屋（とや）　99
響めく（どよめく）　89
収穫（とりいれ）　149
鳥兜（とりかぶと）　169
永遠（とわ）　141
富田林（とんだばやし）　206
頓珍漢（とんちんかん）　127
蜻蛉（とんぼ）　175

【な行】

内緒（ないしょ）　132
等閑（なおざり）　143
媒（なかだち）　105
長瀞（ながとろ）　196
凪（なぎ）　35
擲る（なぐる）　40
擲つ（なげうつ）　41
余波（なごり）　142
名残（なごり）　143
名代（なだい）　104
棗（なつめ）　158
瞿麦（なでしこ）　189
撫子（なでしこ）　190
樹懶（なまけもの）　172
鯰（なまず）　160
鞣す（なめす）　40
奈良（なら）　217
奈落（ならく）　123
破落戸（ならずもの）　135
鳴門（なると）　205
苦汁（にがり）　137
膠（にかわ）　183
肉食（にくじき）　76
肉食（にくしょく）　76
和毛（にこげ）　95
滲む（にじむ）　20
躙る（にじる）　24
仮漆（ニス）　116
鮸膠（にべ）　151
鮸（にべ）　152
邇摩（にま）　198
入善（にゅうぜん）　199
紐育（ニューヨーク）　229
楡（にれ）　158
橳島（ぬでじま）　196
滑田（ぬまた）　225
白膠木（ぬるで）　182
獰猛（ねいもう）　54
価値（ねうち）　150
拗ける（ねじける）　146
捩花（ねじばな）　169
捩る（ねじる）　170
鼠（ねずみ）　57
及位（のぞき）　213
逆上せる（のぼせる）　144
暖簾（のれん）　78
狼煙（のろし）　133

【は行】

拝跪（はいき）　22
鳳梨（パイナップル）　191
芳賀（はが）　218
果敢ない（はかない）　125
羽咋（はくい）　196
白鼻心（はくびしん）　166
馬喰（ばくろう）　131
馬尻（バケツ）　120
稲架（はさ）　139
沙魚（はぜ）　185
安口（はだかす）　215
開ける（はだける）　89
鱩（はたはた）　159
鰰（はたはた）　160
法度（はっと）　87
蔓延る（はびこる）　145
鱧（はも）　162
疾風（はやて）　93
薔薇（ばら）　176
聖林（ハリウッド）　231
腫れる（はれる）　146
麺麭（パン）　118
蟠踞（ばんきょ）　43
晩香坡（バンクーバー）　229
範疇（はんちゅう）　62
般若（はんにゃ）　123
飯能（はんのう）　199
棒々鶏（バンバンジー）　82
漢堡（ハンブルク）　231
贔屓（ひいき）　59
海狸（ビーバー）　191
米粉（ビーフン）　82
柊（ひいらぎ）　164
臙（ひかがみ）　29
痙攣る（ひきつる）　145
鼻腔（びくう）　53
羆（ひぐま）　156
蜩（ひぐらし）　162
庇護（ひご）　22
鼻腔（びこう）　53
英彦山（ひこさん）　211
跪く（ひざまずく）　20
犇めく（ひしめく）　31
翡翠（ひすい）　175
微睡（びすい）　145
歪む（ひずむ）　27
直（ひた）　92
饑い（ひだるい）　29
畢竟（ひっきょう）　63
女性（ひと）　147
一入（ひとしお）　93
海星（ひとで）　173
檜（ひのき）　181
誹謗（ひぼう）　46
飛沫（ひまつ）　141
向日葵（ひまわり）　176
白檀（びゃくだん）　165
風信子（ヒヤシンス）　193
日向（ひゅうが）　209
縹渺（ひょうびょう）　17
枚方（ひらかた）　202
扁たい（ひらたい）　105
天鵞絨（ビロード）　114
品隲（ひんしつ）　63

麩（ふ）　111
風琴（ふうきん）　114
風鈴（ふうりん）　78
俯瞰（ふかん）　42
蕗（ふき）　164
噴飯す（ふきだす）　150
不興（ふきょう）　72
河豚（ふぐ）　173
馥郁（ふくいく）　51
輻輳（ふくそう）　17
雲脂（ふけ）　139
耽る（ふける）　20
相応しい（ふさわしい）　144
浮腫（ふしゅ）　146
普請（ふしん）　81
宿酔（ふつかよい）　152
文机（ふづくえ）　98
不貞寝（ふてね）　3
山毛欅（ぶな）　178
橅（ぶな）　179
文箱（ふばこ）　99
芙蓉（ふよう）　184
仏蘭西（フランス）　229
鰤（ぶり）　162
焚刑（ふんけい）　57
犢鼻褌（ふんどし）　151
褌（ふんどし）　152
兵役（へいえき）　73
睥睨（へいげい）　17
平群（へぐり）　224
舳先（へさき）　40
臍（へそ）　26
諂う（へつらう）　16
篦（へら）　131
篦棒（べらぼう）　131
号鐘（ベル）　118
洋筆（ペン）　119
鞭撻（べんたつ）　45
変梃（へんてこ）　125
回鍋肉（ホイコーロー）　82
彷徨（ほうこう）　42
法相（ほうしょう）　72
菠薐草（ほうれんそう）　167
頬白（ほおじろ）　169
鬼灯（ほおずき）　182
酸漿（ほおずき）　183
隠袋（ポケット）　118
菩提（ぼだい）　121
鯱（ほっけ）　160
忽布（ホップ）　193
時鳥（ほととぎす）　182
杜鵑（ほととぎす）　182
子規（ほととぎす）　182
不如帰（ほととぎす）　182
霍公鳥（ほととぎす）　189
微白い（ほのじろい）　107
補弼（ほひつ）　59
匍匐（ほふく）　46
海鞘（ほや）　172
香港（ホンコン）　84
本性（ほんしょう）　74
本性（ほんせい）　74
喞筒（ポンプ）　114

【ま行】

麻雀（マージャン）　84

売僧（まいす）　81
勾玉（まがたま）　215
甜瓜（まくわうり）　177
本気（マジ）　147
況して（まして）　91
木天蓼（またたび）　178
燐寸（マッチ）　116
茉莉花（まつりか）　191
纏う（まとう）　24
微睡む（まどろむ）　144
俎板（まないた）　151
俎（まないた）　151
飯事（ままごと）　93
檀（まゆみ）　164
周囲（まわり）　149
蔓延（まんえん）　146
曼珠沙華（まんじゅしゃげ）　167
木乃伊（ミイラ）　112
御調（みつぎ）　203
三椏（みつまた）　170
熟視める（みつめる）　149
身形（みなり）　94
蚯蚓（みみず）　175
京都（みやこ）　227
名代（みょうだい）　104
百足（むかで）　173
浮腫む（むくむ）　145
毟る（むしる）　37
宗像（むなかた）　202
簇がる（むらがる）　54
滅金（めっき）　85
雌鳥（めんどり）　97
面妖（めんよう）　129
土竜（もぐら）　185
猛者（もさ）　85
百舌鳥（もず）　187
百舌（もず）　188
鵙（もず）　188
鴃（もず）　188
凭せる（もたせる）　39
齎す（もたらす）　16
没薬（もつやく）　66
蛻（もぬけ）　26
懶い（ものうい）　173
籾（もみ）　35
樅（もみ）　157
脆い（もろい）　20

【や行】

焼津（やいづ）　206
軈て（やがて）　37
喧しい（やかましい）　27
薬缶（やかん）　85
山羊（やぎ）　172
俳優（やくしゃ）　150
疫病（やくびょう）　76
邸（やしき）　105
野洲（やす）　200
鑢（やすり）　26
八街（やちまた）　202
駅館川（やっかんがわ）　217
窶れる（やつれる）　24
養父（やぶ）　218
山形（やまなり）　94
飲茶（ヤムチャ）　82
八女（やめ）　200

動もすれば（ややもすれば） 91
揶揄（やゆ） 48
弥生（やよい） 100
雄勁（ゆうけい） 48
釉薬（ゆうやく） 151
歪む（ゆがむ） 27
湯湯婆（ゆたんぽ） 78
弓弦（ゆづる） 99
茹でる（ゆでる） 32
弓形（ゆみなり） 93
努（ゆめ） 92
弛む（ゆるむ） 27
容易（ようい） 144
羊羹（ようかん） 81
窈窕（ようちょう） 3
涎（よだれ） 54
余波（よは） 142
膕（よぼろ） 29
蓬（よもぎ） 164

【ら行】

辣油（ラーユ） 82
老酒（ラオチュー） 82
駱駝（らくだ） 166
猟虎（らっこ） 194
海獺（らっこ） 194
辣腕（らつわん） 83
洋燈（ランプ） 118
栗鼠（りす） 166
律儀（りちぎ） 66
燎原（りょうげん） 46
淋巴（リンパ） 110
坩堝（るつぼ） 133
瑠璃（るり） 122
黎明（れいめい） 228
羚羊（れいよう） 185
零落（れいらく） 145
怜悧（れいり） 43
鉄軌（レール） 118
轢死（れきし） 60
鎮魂歌（レクイエム） 116
女性（レディ） 147
憐憫（れんびん） 63
緑青（ろくしょう） 68
浪漫的（ロマンチック） 120
倫敦（ロンドン） 232

【わ行】

猥褻（わいせつ） 59
若桜（わかさ） 207
公魚（わかさぎ） 180
鰙（わかさぎ） 181
没分暁漢（わからずや） 135
萱草（わすれぐさ） 187
草鞋（わらじ） 148
蕨（わらび） 158
吾亦紅（われもこう） 171
腕白（わんぱく） 129

著者略歴——
円満字二郎 えんまんじ・じろう
1967年、兵庫県西宮市生まれ。大学卒業後、出版社で国語教科書や漢和辞典などの担当編集者として働く。2008年、退職してフリーに。著書に、『漢字ときあかし辞典』『部首ときあかし辞典』『漢字の使い分けときあかし辞典』『四字熟語ときあかし辞典』（以上、研究社）、『漢和辞典的に申しますと。』（文春文庫）、『数になりたかった皇帝　漢字と数の物語』『漢字の植物苑　花の名前をたずねてみれば』（以上、岩波書店）、『雨かんむり漢字読本』（草思社文庫）などがある。

難読漢字の奥義書

2021© Jiro Enmanji

2021年2月24日　第1刷発行

著　者　円満字二郎
装幀者　間村俊一
発行者　藤田　博
発行所　株式会社草思社
〒160-0022　東京都新宿区新宿1-10-1
電話　営業 03(4580)7676　編集 03(4580)7680

印刷所　中央精版印刷株式会社
製本所　株式会社坂田製本

ISBN978-4-7942-2505-4　Printed in Japan　検印省略

造本には十分注意しておりますが、万一、乱丁、落丁、印刷不良などがございましたら、ご面倒ですが、小社営業部宛にお送りください。送料小社負担にてお取替えさせていただきます。

草思社刊

【文庫】
雨かんむり漢字読本

円満字二郎 著

なぜ零はゼロなのか、「霽れる」が「晴れる」より古くからあったのはなぜか等、漢字の成り立ちを「雨かんむりの漢字」を例に多彩なエピソードを通じて解き明かす。

本体 800円

【文庫】
声に出して読みたい親鸞

齋藤孝 著

親鸞の言葉は声に出して読むともっとよくわかる。「歎異抄」「教行信証」「和讃」などから100語を選んで、心晴れやかに、覚悟を決めて生きるための考え方を学ぶ。

本体 900円

【文庫】
夏目漱石の人生を切り拓く言葉

齋藤孝 著

こぢんまりと生真面目に生きる若者に「本当の真面目さ」とはもっと腹の底からの大真面目なのだと説く漱石の教え。『夏目漱石の人生論牛のようにずんずん進め』改題

本体 780円

声に出して読みたい・こどもシリーズ
こども論語
故きを温ねて新しきを知る

齋藤孝 著

「義を見てせざるは勇無きなり」など、えりすぐりの『論語』の言葉と、愉快な動物イラスト、齋藤先生のわかりやすい解説で、親子で楽しみながら学習できる教育絵本。

本体 1,500円

＊定価は本体価格に消費税を加えた金額になります。